Modèles keynésiens de la macroéconomie

Collection Enseignements Universitaires

À travers la publication de ce premier manuel de macroéconomie, les éditions L'Harmattan ouvrent une nouvelle collection, intitulée « Enseignements Universitaires ».

Cette collection est réservée aux enseignants-chercheurs qui souhaitent mettre des supports de cours, en versions papier et numérique, à la disposition de leurs étudiants, de leurs collègues et du grand public.

À travers cette collection dirigée par un collège pluridisciplinaire d'enseignants-chercheurs, il s'agit de continuer à élargir au plus grand nombre l'accès aux connaissances fondamentales et appliquées dans toutes les disciplines universitaires, de mettre à la disposition des enseignants-chercheurs une plateforme de diffusion exigeante et large, et d'offrir aux étudiants et au grand public des manuels scientifiques de qualité.

Pierre Kamé Bouopda

MODELES KEYNESIENS DE LA MACROECONOMIE

Cours, exercices corrigés et illustrations

Nouvelle édition

L'Harmattan

5-7, rue de l'École-Polytechnique ; 75005 Paris
http://www.editions-harmattan.fr
ISBN : 978-2-343-21732-1
EAN : 9782343217321

À ma mère,

Colette Maguia

SOMMAIRE

CHAPITRE I

CADRAGE THÉORIQUE ET COMPTABLE

Schéma théorique de référence

Tout au long de cet ouvrage, le schéma théorique de référence est celui du modèle keynésien à court terme. Les prix sont supposés fixes, et il y a excès d'offre sur les marchés du bien (capacités excédentaires de production) et du travail (chômage). L'équilibre macroéconomique de court terme est réalisé à un niveau de production qui laisse, d'une part, les entreprises avec des marges de production rentable inexploitées, et d'autre part, des ménages en situation de chômage.

L'existence de marges de production inexploitées au sein de l'économie domestique s'explique ici par l'insuffisance de la demande globale de biens qui oblige, toute chose étant égale par ailleurs, les entreprises à limiter leur production et leur demande de travail. Ainsi, l'excès d'offre sur le marché du travail rend compte, indirectement, de l'insuffisance de la demande globale de biens. Chez Keynes, la problématique du traitement macroéconomique du chômage rejoint donc celle de la relance de l'activité économique, qui s'apparente elle-même au sujet de la stimulation de la demande globale. Pour ce faire, Keynes préconise des mesures de politiques économiques destinées à accroître la demande globale pour parvenir au plein emploi.

La formalisation macroéconomique du schéma keynésien débouche sur des modèles dits de demande, par opposition aux modèles d'offre, inspirés par les approches théoriques classique et néoclassique. Dans le contexte keynésien de prix fixes, ou rigides à court terme, les ajustements de marchés se font par les quantités demandées. Ce sont donc les comportements de demande qui permettent de résorber les offres excédentaires sur les marchés du bien et du travail. D'où la qualification de modèles de demande, lorsque le schéma théorique sous-jacent décrit un enchaînement de type keynésien. Cette approche théorique keynésienne inspire largement les analyses de conjoncture macroéconomique dans la plupart des économies dites « économies de marché ».

Cadre comptable

L'économie domestique considérée comporte quatre agents (entreprises (s), ménages (h), administration (a) et extérieur (u)) et cinq actifs (un bien, le travail (n), la monnaie (m), les titres domestiques (b), et les devises (R)).

Les ménages salariés sont propriétaires des entreprises qui leur versent des salaires, et l'intégralité de leurs profits sous forme de dividendes et d'intérêts. Seule l'administration, qui regroupe les administrations publiques et le système bancaire, détient des devises dans notre économie. C'est elle qui dispose par ailleurs du privilège de l'émission de la monnaie domestique légale. Les ménages, tout comme les entreprises, ne détiennent pas de devises. Par contre, les ménages détiennent des titres domestiques, et l'intégralité de la monnaie domestique émise (masse monétaire). Quant aux non-résidents (extérieur), ils investissent en titres publics domestiques, produisent le bien étranger (substitut parfait du bien domestique), et émettent les devises. Les titres domestiques sont émis par l'administration et les entreprises.

L'économie domestique est celle d'un « petit pays» en comparaison avec celle de l'extérieur. Les variables économiques de l'extérieur s'imposent donc à l'économie domestique.

Tableau économique d'ensemble

Le Tableau économique d'ensemble (TEE) est une représentation simplifiée du système économique, sous la forme de comptes consolidés, et articulés. Il permet à la fois d'illustrer, et de rendre compte des principales interdépendances entre les agents économiques, dans leurs rapports de transferts, et d'échanges sur les différents marchés. Avec cette représentation simplifiée, il est plus aisé de dégager, et d'analyser les liens globaux qui apparaissent au sein d'une économie. Ces liens associent aussi bien des agents économiques, à travers des interdépendances dans les comportements, que des marchés, à travers des interactions dans leurs ajustements. Les liens évoqués ici peuvent être formalisés par des relations fonctionnelles. Cette approche, qui est adoptée tout au long de ce manuel, débouche sur le concept de modélisation macroéconomique. L'analyse se réfère dans ce cadre à un modèle macroéconomique, c'est-à-dire, à un ensemble de liaisons fonctionnelles synthétisant le fonctionnement du système économique domestique.

Le concept de système économique renvoie aux caractéristiques structurelles d'une économie, et aux particularités de l'ensemble des rapports d'échanges, et des relations de transferts qu'entretiennent les agents au sein de cette économie.

Les agents économiques (entreprises (s), ménages (h), administration (a) et extérieur (u)) sont en effet en rapports d'échanges sur des marchés (bien, travail (n), monnaie (m), titres domestiques (b), et devises (R)) dans la perspective d'atteindre leurs objectifs respectifs. Ainsi les ménages cherchent à acquérir et consommer davantage de biens pour améliorer leur utilité ; les entreprises, qui offrent des biens sur le marché, recherchent le maximum de profit ; etc. Ces comportements sont en théorie dérivés de programmes d'optimisation. Les spécificités de ces programmes d'optimisation (fonctions objectifs, contraintes budgétaires et techniques, etc.), et de l'environnement dans lequel ils s'opèrent (prix flexibles, prix fixes, contraintes de débouchés, etc.), caractérisent aussi le système économique.

L'analyse de court terme suppose notamment, que dans l'échelle de temps qui est considérée, la technologie de production des entreprises est invariable, de même que la population active et le stock de capital. Par ailleurs, dans la mesure où l'hypothèse de prix fixes est retenue à court terme, l'analyse macroéconomique se fait ici en volume (en termes réels), et non en valeur (en termes nominaux).

Dans leurs comportements respectifs, les agents économiques sont soumis en permanence à leurs contraintes comptables. Le tableau ci-dessous doit de ce fait être équilibré en colonnes. Si les équilibres en lignes sont de surcroît assurés, le tableau détermine un état d'équilibre du système économique, dans la mesure où les contraintes comptables sont respectées, les échanges en actifs (bien, monnaie, titres, devises) et les opérations de répartition (impôts, revenus salariaux, et non salariaux) sont tous assurés.

Tableau économique d'ensemble (TEE)

Demandes					**Offres**			
s	h	a	u	Opérations	s	h	a	u
i	c	g	x	Bien	y			$\frac{z}{q}$
	m^d			Monnaie			m^o	
	b_h^d		b_u^d	Titres domestiques	b_s^o		b_a^o	
		ΔR_a		Devises				ΔR_u
wn				Salaires		wn		
π_s		π_a		Intérêts et dividendes		π_h		π_u
	t			Impôts			t	

Les fondements microéconomiques des propriétés des fonctions de demande retenues dans le modèle, ne sont délibérément pas abordés dans ce manuel. Le traitement de ce sujet macroéconomique important impose en effet, des développements formels complexes qui peuvent, dans ce cadre, faire ombrage à l'objet principal de ce livre, qui est d'étudier les propriétés globales du modèle macroéconomique keynésien dans une perspective d'analyse conjoncturelle.

Lexique des variables

La plupart des variables dans ce manuel sont exprimées en termes réels en raison de l'hypothèse de prix fixes à court terme.

y, est le produit global ; c, est la consommation des ménages ; i, est l'investissement des entreprises ; g, est la consommation publique (dépenses publiques) ; x, les exportations ; $\frac{z}{q}$, les importations.

n^d, n^o, respectivement la demande de travail des entreprises, et l'offre de travail des ménages.

ΔR_u, la variation des dettes (évaluées en monnaie domestique) des non-résidents vis-à-vis de l'administration ; ΔR_a, la variation des créances (en monnaie domestique) de l'administration sur les non-résidents ; m^o, m^d, respectivement l'offre et la demande de monnaie ; b_h^d, b_u^d, respectivement les demandes de titres domestiques des ménages et des non-résidents ; b_s^o, b_a^o, respectivement les offres de titres domestiques des entreprises et de l'administration.

t, les impôts ; p, le niveau du prix du bien en monnaie domestique ; p^*, le niveau du prix du bien en devises.

e, le taux de change nominal au certain (prix d'une unité de monnaie domestique en devise) ; $\dot{e}^a$, taux de croissance anticipé du taux de change nominal ; $q = \frac{ep}{p^*}$, le taux de change réel au certain ; w, taux de salaire réel ; r, r^*, respectivement les taux d'intérêt réel domestique et étranger ; π_s, profits réels des entreprises (dividendes et intérêts versés) ; π_a, charges d'intérêt en termes réels de l'administration ; π_h, intérêts et dividendes perçus (revenus non salariaux en termes réels) par les ménages ; π_u, intérêts réels perçus par les non-résidents ; τ_a, la part des ménages dans les intérêts versés par l'administration.

Par ailleurs, malgré les soins souvent apportés à la présentation des fondements théoriques des fonctions microéconomiques de demande, l'intégration de celles-ci dans les modèles macroéconomiques soulève des questions théoriques qui restent largement sans réponse pertinente.

Toutefois, des justifications théoriques d'ordre microéconomique sont fournies tout au long de l'ouvrage pour aider à la compréhension de certaines propriétés du modèle macroéconomique. C'est notamment le cas à la fin de ce premier chapitre.

Contraintes comptables

$$b_s^o = i \tag{1.1}$$

$$[(wn + \pi_h) - t] - c = b_h^d + m^d \tag{1.2}$$

$$(t - g) - \pi_a = -(m^o + b_a^o) + \Delta R_a \tag{1.3}$$

$$x - \frac{z}{q} - \pi_u + b_u^d = \Delta R_u \tag{1.4}$$

La contrainte comptable des entreprises débouche sur la relation (1.1) qui indique la source de financement de leurs investissements. Dans la mesure où les entreprises distribuent l'intégralité de leur profit, elles financent leurs investissements par emprunt sur le marché des titres domestiques. Les ménages perçoivent des revenus salariaux (wn) et non salariaux (π_h) sur lesquels ils payent des impôts (t). Leur contrainte comptable (relation (1.2)) explicite la structure de placement de leur épargne. Celle-ci est répartie en titres et monnaie domestiques. Le solde budgétaire global (solde primaire ($t - g$) et la charge d'intérêts sur la dette publique (π_a)) de l'administration est donné par le membre de gauche de sa contrainte comptable (relation (1.3)). Cette relation précise le mode de financement du déficit global de l'administration. La contrainte comptable des non-résidents (relation (1.4)) définit le solde de la balance globale des paiements, qui agrège les soldes de la balance des transactions courantes (balance commerciale ($x - \frac{z}{q}$) et balance des invisibles (π_u)), et de la balance des flux financiers non monétaires (b_u^d).

Équilibres de marché

$$c + i + g + x = y + \frac{z}{q} \tag{1.5}$$

$$m^o = m^d \tag{1.6}$$

$$\Delta R_a = \Delta R_u \tag{1.7}$$

Les relations (1.5), (1.6) et (1.7) définissent les équilibres sur les marchés du bien, de la monnaie domestique, et de la devise. Le marché du travail est, par hypothèse, en situation d'excès d'offre (chômage), de sorte que c'est la demande de travail qui détermine le niveau d'emploi associé à l'équilibre macroéconomique.

Les opérations de répartition

$$\pi_h = \pi_s + \tau_a \pi_a \tag{1.8}$$

$$\pi_u = (1 - \tau_a)\pi_a \tag{1.9}$$

$$\pi_s = y - wn \tag{1.10}$$

$$\pi_a = r \sum b_{a-1}^o \tag{1.11}$$

Les revenus non salariaux des ménages (π_h) regroupent d'une part, les dividendes et intérêts versés par les entreprises, et d'autre part, les intérêts versés par l'administration. Les non-résidents, qui détiennent des créances sur l'administration, perçoivent en contrepartie des intérêts (π_u). La clé de répartition des intérêts sur la dette publique, entre les ménages et les non-résidents (τ_a), est supposée prédéterminées. La charge d'intérêt sur la dette de l'administration (π_a) dépend de l'encours de sa dette cumulée et du niveau du taux d'intérêt.

Les fonctions de demande

Ménages

$$c = c(y, r) \tag{1.12}$$

$$m^d = l(y, r) \tag{1.13}$$

Avec,

$$c'_y, l'_y > 0 > c'_r, l'_r$$

Les relations (1.12) et (1.13) représentent les fonctions de demande de biens, et de monnaie des ménages. Ce sont des fonctions croissantes du revenu et décroissantes du taux d'intérêt.

Entreprises

$$i = i(y, r) \tag{1.14}$$

$$n^d = g^{-1}(y) \tag{1.15}$$

Avec,

$$n^{d\prime}_y, i'_y > 0 > i'_r$$

$y = g(n)$, *avec* $(g(0) = 0,\ g' \geq 0,\ g'' \leq 0)$, est la fonction de production de court terme (stock de capital invariant). Elle décrit la technologie de production des entreprises, supposée invariable à court terme.

La demande de biens des entreprises (fonction d'investissement (1.14)) est croissante en y, et décroissante en r. La demande de travail des entreprises (relation (1.15)) croît avec la quantité produite du bien. Connaissant la demande globale de biens, les entreprises, qui disposent de marges de production rentable inexploitées, déterminent, compte tenu de leur technologie de production de court terme, le niveau d'emploi nécessaire à la production de la quantité demandée du bien.

Demande du bien étranger par les résidents

$$z = z(y, q) \tag{1.16}$$

Avec,

$$z'_y > 0, \quad z'_q > 0$$

La fonction z (relation (1.16)) représente les importations, qui s'appréhendent comme une demande du bien étranger par l'ensemble des agents résidents (ménages, entreprises, et administration). La demande du bien étranger croît avec les revenus des résidents. Elle augmente également lorsque le bien étranger coûte relativement moins cher que le bien domestique.

Non-résidents

$$b_u^d = f(r - r^* + \dot{e}^a) \tag{1.17}$$

$$x = x(q) \tag{1.18}$$

Avec,

$$f_r' \geq 0 > x_q' \qquad f(0) = 0$$

La fonction f (relation (1.17)) retrace les flux de capitaux spéculatifs détenus par les non-résidents. Lorsque l'écart de taux est favorable aux titres domestiques, les non-résidents investissent en titres domestiques, et il y a ainsi une entrée de capitaux au sein de l'économie domestique. Dans la configuration inverse, les non-résidents se désengagent des placements en titres domestiques, et il y a sortie de capitaux.

La fonction x (relation (1.18)) représente les exportations, qui s'interprètent comme une demande de biens domestiques exprimée par les non-résidents. Ceux-ci réduisent leur demande de bien domestique lorsqu'il coûte relativement plus cher que le bien étranger.

Nomenclature des variables

Les variables dont les valeurs d'équilibre sont déterminées par le modèle macroéconomique (variables endogènes) se distinguent de celles dont les valeurs d'équilibre sont prédéterminées (variables exogènes). Certaines variables exogènes peuvent être manipulées à des fins de politiques économiques. Ces variables exogènes manipulables sont considérées comme des instruments de politique économique. Les autres sont des variables exogènes non instrumentales. Le modèle macroéconomique retenu ici comporte quatre (4) instruments de politique économique (g, t, m^o, q ou ΔR_a) et cinq (5) variables exogènes non instrumentales (r^*, p^*, $\bar{n}$, τ_a, p).

Pour ce qui est des variables endogènes elles sont au nombre de dix-neuf (19) : y, i, c, x, z, m^d, b_h^d, b_u^d, b_s^o, b_a^o, r, ΔR_a ou q, ΔR_u, w, n^d, π_s, $\pi_a \pi_a$,π_h,π_u.

Les valeurs d'équilibre des 19 variables endogènes du modèle sont déterminées par les 18 relations ci-dessus, auxquelles se rajoute l'équilibre du marché des titres domestiques, qui n'est pas explicité ici en vertu de la loi de Walras. Celle-ci prescrit, à l'équilibre macro-économique, la nullité de la somme des demandes excédentaires sur les différents marchés. En consolidant effectivement les relations (1.5), (1.6) et (1.7) on obtient l'égalité suivante si la loi de Walras est vérifiée :

$$c + i + g + x + m^d + \Delta R_a - y - \frac{z}{q} - m^o - \Delta R_u = 0 \qquad (1.19)$$

Or, d'après les contraintes comptables des agents (relations (1.1), (1.2), (1.3) et (1.4)), on a :

$$i = b_s^o \qquad (1.20)$$

$$c = -b_h^d - m^d + [(wn + \pi_h) - t] \qquad (1.21)$$

$$g = t - \pi_a + (m^o + b_a^o) - \Delta R_a \qquad (1.22)$$

$$x - \frac{z}{q} = \Delta R_u + \pi_u - b_u^d \qquad (1.23)$$

La relation (1.19) se réécrit ainsi compte tenu des expressions ci-dessus :

$$b_s^o + b_a^o - b_h^d - b_u^d + [\pi_h + \pi_u - \pi_a - (y - wn)] = 0 \qquad (1.24)$$

Or,

$$\pi_s = y - wn$$

$$\Rightarrow \quad b_s^o + b_a^o - b_h^d - b_u^d + [\pi_h + \pi_u - \pi_a - \pi_s] = 0$$

$$\Rightarrow \quad b_s^o + b_a^o = b_h^d + b_u^d$$

Car, $\pi_h + \pi_u = \pi_a + \pi_s$ par construction (opérations de répartition).

Le marché des titres domestiques est donc implicitement équilibré, lorsque la loi de Walras est vérifiée.

Notre modèle macroéconomique, qui recense l'ensemble des relations (comptables, technologiques, institutionnelles, comportementales) qu'entretiennent les différentes variables économiques, s'identifie ainsi à un système de 19 équations à 19 inconnues (variables endogènes), dont on sait que sous certaines conditions, il admet une solution unique caractéristique d'un état d'équilibre de notre économie. La recherche de l'équilibre macroéconomique s'apparente donc à la détermination d'un mode de résolution d'un système d'équations.

La connaissance des valeurs d'équilibre de certaines variables endogènes (variables inconnues) détermine la résolution complète du modèle de façon « récursive ». Il en est ainsi parce que les variables endogènes du modèle sont liées par des relations fonctionnelles. Il est donc habituel de s'en tenir à la détermination des valeurs d'équilibre des variables endogènes principales dites « variables de bouclage». Il s'agit en économie ouverte, du volume du produit global (y), du taux d'intérêt réel (r), du taux de change réel (q) en changes flexibles, ou du volume des réserves officielles de change (ΔR_a) en changes fixes.

Quelques fondements théoriques des fonctions de demande

Rappel sur le principe de l'actualisation

Le principe de l'actualisation repose sur l'hypothèse selon laquelle les agents économiques ont une préférence pour le présent. Ils préfèrent disposer de 1 € aujourd'hui, plutôt que de l'avoir demain. La conséquence de cette hypothèse, c'est que pour qu'une somme X d'aujourd'hui soit équivalente à 1 € demain, il faut nécessairement qu'elle soit inférieure à 1 €. En d'autres termes, X, la valeur actuelle de 1 € à percevoir demain est inférieure à 1 €.

$$\text{Posons } X = \frac{1}{1+\alpha}$$

$\alpha > 0$, est le taux d'actualisation. Il mesure la rémunération minimale qu'on exige demain en contrepartie de la renonciation à 1 € aujourd'hui. Logiquement les agents économiques exigent au minimum ce que leur rapporterait demain le placement de leur euro sur le marché des fonds prêtables. C'est pour cette raison qu'on retient généralement le taux d'intérêt sur le marché des fonds prêtables comme taux d'actualisation ($\alpha = r$).

Actualiser c'est déterminer la valeur d'aujourd'hui (V_0) d'une somme à percevoir dans le futur (V_n). Capitaliser, c'est déterminer ce que vaudra dans le futur (V_n) une somme perçue aujourd'hui (V_0).

Par définition on a :

$$V_n = (1+r)^n V_o \qquad \Leftrightarrow \qquad V_0 = \frac{V_n}{(1+r)^n}$$

La demande de bien des Ménages : la fonction de consommation

On suppose que le ménage représentatif opère son choix de consommation dans un cadre intertemporel. Il a accès à un marché parfait de fonds prêtables, avec la possibilité de transférer son pouvoir d'achat d'une période à l'autre, en contrepartie d'un taux d'intérêt, qui est un prix relatif intertemporel. Le temps est subdivisé en T périodes égales ($t = 1, T$). Les variables w_t, y_t, d_t, c_t, $u(c_t)$ sont respectivement le patrimoine, le revenu, la dépense, la consommation, et l'utilité du ménage représentatif à la date t. T est la durée de vie du ménage. En début de vie, il dispose d'un héritage

(w_0). En fin de vie, il ne laisse aucune dette. Le niveau du prix du bien de consommation est normalisé à 1.

Sous ces hypothèses, les revenus et les dépenses actualisés du ménage sur toute sa durée de vie sont les suivants :

$$W = w_0 + \frac{\sum_{t=1}^{T} y_t}{(1+r)^t} \qquad\qquad D = \frac{\sum_{t=1}^{T} c_t}{(1+r)^t}$$

$U = u(c_1, .., c_T)$ est l'utilité du ménage sur toute sa durée de vie. $u'(c_t) > 0$, $u''(c_t) < 0$, $t = 1, T$. Le programme du ménage couvre toute sa durée de vie :

$$\begin{cases} \underset{c_1,\dots,c_T}{Max}\ U = u(c_1, c_2, \dots, c_T) \\ \\ W = D \end{cases}$$

Pour $T = 2$, on a la condition suivante à l'optimum du programme :

$$TMS = -\frac{dc_2}{dc_1} = \frac{u_1^{'}}{u_2^{'}} = 1 + r$$

TMS est le taux marginal de substitution intertemporel. Il mesure le supplément de consommation future (dc_2) nécessaire pour compenser une perte marginale de consommation courante (dc_1), de telle sorte que le niveau d'utilité globale du ménage sur les deux périodes soit préservé.

En posant $TMS = 1 + \rho$, le paramètre ρ mesure le supplément de consommation future nécessaire pour compenser la perte d'une unité de consommation courante de manière à préserver le niveau d'utilité globale du ménage. Ce paramètre est d'autant plus élevé que la consommation courante est faible, et vice-versa. En effet, lorsque que consommation courante est faible, le ménage ne consent à y renoncer que si la contrepartie dans le futur est élevée. On peut donc assimiler le paramètre ρ à un taux de préférence pour le présent. Lorsque la consommation courante est faible, la préférence du ménage pour la consommation présente est élevée. Lorsque que la consommation courante est élevée, la préférence du ménage pour la consommation présente est faible.

À l'optimum du programme du ménage on a $r = \rho$.

En effet, si $r > \rho$, le ménage peut accroitre son utilité globale en arbitrant pour la consommation future, c'est-à-dire en épargnant au présent. En réduisant sa consommation courante, au profit de l'épargne, il améliore son utilité globale, parce que son supplément de consommation future $(dc_2 = r)$ excède ce qui est nécessaire au maintien de son niveau d'utilité globale initiale $(dc_2 = \rho)$.

À l'optimum du ménage, une augmentation de son patrimoine, toute chose étant égale par ailleurs, améliore sa consommation sur toutes les périodes de sa vie. Par contre, une augmentation du taux d'intérêt a des effets incertains en termes de consommation, parce qu'elle génère à la fois un effet de revenu, et un effet de substitution. L'effet de revenu, qui est induit par une meilleure valorisation de l'épargne du ménage, améliore ses consommations présente et future. L'effet de substitution réduit la consommation présente au profit de la consommation future pour la raison évoquée ci-dessus $(r > \rho)$. Si l'effet de substitution intertemporelle domine l'effet de revenu, une augmentation du taux d'intérêt réduit la consommation courante. C'est cette hypothèse qui est généralement retenue pour justifier la baisse de la consommation courante, lorsque le taux d'intérêt augmente.

En supposant que le ménage est dans un environnement d'information parfaite, que sa fonction d'utilité est additive, que le taux d'intérêt est nul, de même que le taux de préférence pour le présent, son programme se réécrit ainsi :

$$\begin{cases} \underset{c_1,..,c_T}{Max}\, U = \sum_{t=1}^{T} u(c_t) \\ \\ w_0 + \sum_{t=1}^{T} y_t \leq \sum_{t=1}^{T} c_t \end{cases}$$

Le lagrangien du programme est le suivant :

$$L = \sum_{t=1}^{T} u(c_t) - \lambda \left[\sum_{t=1}^{T} c_t - \sum_{t=1}^{T} y_t - w_0 \right]$$

À l'optimum du programme on a :

$$\frac{dL}{dc_t} = u'(c_t) - \lambda = 0 \quad \Rightarrow \quad u'(c_t) = \lambda \qquad t = 1, T$$

L'utilité marginale de la consommation est constante égale à λ à l'optimum du ménage. Il en est de même pour les niveaux de consommation aux différentes périodes ($c_t^* = u'^{-1}(\lambda) = c^*, \forall t = 1, T$). À l'optimum on a ainsi :

$$\sum_{t=1}^{T} c^* = w_0 + \sum_{t=1}^{T} y_t \quad \Rightarrow \quad Tc^* = w_0 + \sum_{t=1}^{T} y_t$$

$$\Rightarrow c^* = \frac{1}{T} w_0 + \frac{1}{T} \sum_{t=1}^{T} y_t \quad \forall t = 1, T$$

Il apparaît que le ménage consomme la même fraction de son patrimoine à chacune de ses périodes de vie. Autrement dit, ce n'est pas le revenu perçu sur une période de vie qui détermine la consommation du ménage sur cette période, mais un revenu calculé sur toute sa durée de vie. Pour Milton Friedman (1957), ce revenu ($y_p = (w_0 + \sum_{t=1}^{T} y_t)/T$) est le revenu permanent du ménage. L'écart entre le revenu courant (y_t), et le revenu permanent (y_p), correspond au revenu transitoire. Ce dernier peut être positif (épargne) ou négatif (désépargne), selon que le revenu courant est supérieur, ou inférieur au revenu permanent. Avec cette formulation, un supplément de revenu (ΔR) à une période donnée de la vie du ménage, affecte son revenu courant de (ΔR), et son revenu permanent de ($\Delta R/T$), de même que sa consommation courante. Si la durée de vie du ménage est grande (T élevé), l'effet de ce supplément de revenu devient marginal sur la consommation courante. Le profil intertemporel des revenus du ménage a donc une influence marginale sur son profil intertemporel de consommation. On retrouve la logique de ce raisonnement dans les fondements de la théorie du cycle de vie (Franco Modigliani & Richard Brumberg (1954)). Celle-ci indique que le ménage épargne (prête), et désépargne (emprunte) tout au long de sa vie, pour adapter son profil intertemporel de revenu, qui est irrégulier (faible en début et en fin de vie ; élevé dans la période intermédiaire), à son profil intertemporel de consommation, qui croit tout au long de sa vie.

La demande de bien des entreprises : la fonction d'investissement

On suppose que l'entreprise représentative opère dans un environnement à prix fixent. Elle subit une contrainte de débouché sur le marché du bien. Il n'y a par ailleurs pas de rationnement sur les marchés des facteurs. Sous ces hypothèses, le programme de l'entreprise est le suivant, si le niveau du prix du bien est normalisé à 1 :

$$\begin{cases} \underset{n,K}{Max}\ \Pi = y - wn - rK \\ y \leq g(n,K) \\ y \leq \tilde{y} \end{cases}$$

$\tilde{y}$ est le niveau anticipé de production, assimilable à la demande effective. $g(.)$ est la fonction de production avec les propriétés habituelles ($g(0) = 0,\ g'(.) \geq 0,\ g''(.) \leq 0$).

La contrainte de débouchée étant saturée, maximiser le profit de l'entreprise revient à minimiser son coût de production, compte tenu de la quantité de travail nécessaire à la production de $\tilde{y}$:

$$\begin{cases} \underset{n,K}{Max}\ \Pi = \tilde{y} - wL - rK \\ y = g(n,K) = \tilde{y} \end{cases} \Leftrightarrow \begin{cases} \underset{K}{Min}\ \Pi = wg^{-1}(\tilde{y},K) + rK \\ n = g^{-1}(\tilde{y},K) \end{cases}$$

$$\Longrightarrow w\frac{\partial g^{-1}(\tilde{y},K)}{\partial K} + r = 0 \Longrightarrow -\frac{\partial g^{-1}(\tilde{y},K)}{\partial K} = \left(\frac{w}{r}\right)$$

On en déduit la demande de capital, et l'investissement de l'entreprise :

$$K^d = K^d\left(\tilde{y},\frac{w}{r}\right)$$

avec les propriétés suivantes,

$$\frac{\partial K^d}{\partial (w/r)} > 0 \qquad \frac{\partial K^d}{\partial (\tilde{y})} > 0$$

Pour une fonction de production de type Cobb-Douglas :

$y = g(n, K) = \gamma n^{\alpha} K^{\beta} e^{\vartheta t}, 0 < \alpha < 1, 0 < \beta < 1, \vartheta > 0,$

on obtient $K^d = \gamma^{\frac{-1}{\alpha+\beta}} \tilde{y}^{\frac{1}{\alpha+\beta}} (w/r)^{\frac{\alpha}{\alpha+\beta}} e^{\frac{-\nu}{\alpha+\beta}t}.$

L'investissement de l'entreprise est ainsi croissante en y (effet d'accélération), et en w/r (effet de substitution). Il est négativement influencé par le progrès technique autonome.

La demande de monnaie des ménages

On suppose que le ménage représentatif perçoit, sur une période donnée, un flux continu de revenu réel (y), lequel est intégralement investi en titres. Pour réaliser ses transactions en bien, il effectue un nombre (ϕ) d'opérations de conversions de titres en monnaie. Ces opérations de conversion lui coûtent la somme globale de (γ) sur la période considérée. Elles sont réalisées à intervalle de temps constant. Avec ces hypothèses, l'expression formelle du coût (C) de détention de la monnaie à chaque intervalle de temps est la suivante :

$$C = \frac{\gamma}{\phi} + \frac{1}{\phi}\int_0^{\phi} rytdt$$

(γ/ϕ) est le coût de conversion par intervalle de temps, et $\left(\frac{1}{\phi}\int_0^{\phi} rytdt\right)$ est le coût d'opportunité de la détention de monnaie par intervalle de temps (manque à gagner en termes d'intérêt par intervalle de temps). L'expression précédente de C se réécrit ainsi :

$$C = \frac{\gamma}{\phi} + \frac{1}{\phi}ry\left[\frac{t^2}{2}\right]_0^{\phi} = \frac{\gamma}{\phi} + \frac{1}{2\phi}ry(\phi^2)$$

$$\Rightarrow \quad C = \frac{\gamma}{\phi} + \frac{1}{2}ry\phi$$

Le ménage cherche rationnellement à minimiser ce coût lorsqu'il évalue la quantité de monnaie à détenir pour le règlement de ses transactions en bien dans chaque intervalle de temps. Pour ce faire, il doit déterminer le nombre optimal (ϕ^*) d'opérations de conversion de titres en monnaie à réaliser. Le programme est le suivant à cet effet :

$$\left\{ \underset{\phi}{Min}\ C = \frac{\gamma}{\phi} + \frac{1}{2} r y \phi \right.$$

À l'optimum de ce programme on a :

$$\frac{dC}{d\phi} = -\frac{\gamma}{\phi^{*2}} + \frac{1}{2} r y = 0$$

$$\Rightarrow \phi^* = \left(\frac{2\gamma}{ry}\right)^{\frac{1}{2}}$$

On en déduit la quantité moyenne de monnaie détenue par le ménage pour des motifs de transaction :

$$\Rightarrow \ m^d = y\frac{\phi^*}{2} = \left(\frac{\gamma y}{2r}\right)^{\frac{1}{2}}$$

La demande de monnaie du ménage est donc croissante en (y), et décroissante en (r). Cette formalisation est inspirée du modèle de William Baumol (1952).

CHAPITRE II

LE MODÈLE KEYNÉSIEN EN ÉCONOMIE FERMÉE

Le revenu et le taux d'intérêt d'équilibre

Dans un premier temps, il est supposé que les agents économiques résidents et non-résidents n'entretiennent pas de rapports d'échanges. D'où l'idée que l'économie domestique est fermée. Dans ce cadre, le revenu global et le taux d'intérêt sont les variables de bouclage du modèle à prix fixes. Les variations de ces deux variables affectent aussi bien les comportements monétaires et financiers, que les comportements réels de l'ensemble des agents économiques.

Dans le modèle macroéconomique retenu dans ce manuel, le marché du travail est par hypothèse en situation d'excès d'offre (chômage). L'équilibre macroéconomique de sous-emploi est atteint dans ce contexte lorsque les marchés du bien, des titres et de la monnaie sont équilibrés. En appliquant la loi de Walras sur le marché des titres, l'équilibre macroéconomique est atteint lorsque les marchés du bien et de la monnaie sont en équilibre :

$$\begin{cases} y^d = y^o & (2.1) \\ m^d = m^o & (2.2) \end{cases}$$

Le revenu global et le taux d'intérêt d'équilibre (y^e, r^e), qui sont ici les variables de bouclage du modèle, sont les solutions de ce système d'équations qui se réécrit ainsi, en assimilant l'offre et la demande de bien aux quantités de biens effectivement produites et échangées :

$$\begin{cases} c(y,r) + i(y,r) + \bar{g} = y & (2.3) \\ l(y,r) = \Delta\bar{m} & (2.4) \end{cases}$$

Pour simplifier les écritures, les impôts ne sont pas pris en compte dans la fonction de consommation. Les incidences spécifiques des politiques fiscales, notamment comme mode de financement des dépenses publiques, peuvent être prises en compte sans formalisation explicite.

Le modèle IS-LM

Les équations (2.3) et (2.4) définissent deux relations implicites entre (y) et (r) qu'on nomme respectivement relation (IS), et relation (LM), en référence d'une part, à l'égalité ex post entre l'épargne (S), et l'investissement (I), et d'autre part, à l'équilibre sur le marché de la monnaie.

Le modèle $IS - LM$ renvoie au système d'équations comportant les relations (IS) et (LM). S'ils existent, le revenu global et le taux d'intérêt d'équilibre (y^e, r^e) sont les solutions de ce système d'équations. Pour analyser les propriétés variantielles du modèle $IS - LM$ on peut considérer des approximations linéaires des relations (IS) et (LM) au voisinage de l'équilibre macroéconomique. Pour ce faire on différencie les relations (2.3) et (2.4) ce qui permet, après la résolution du système différencié, d'obtenir les multiplicateurs du modèle.

$$\begin{cases} \varphi d\bar{g} + \varphi(c'_r + i'_r)dr = dy & (2.5) \\ \\ \psi d\bar{m} - \psi l'_r dr = dy & (2.6) \end{cases}$$

$$\varphi = \frac{1}{1 - c'_y - i'_y} > 0 \quad \psi = \frac{1}{l'_y} > 0$$

La condition $\varphi > 0 \Leftrightarrow c'_y + i'_y < 1$ assure la stabilité de l'équilibre macroéconomique.

Sous l'hypothèse $\varphi > 0$, la relation (IS) est décroissante $(c'_r + i'_r < 0)$. La relation (LM) est quant à elle croissante $(-l'_r > 0)$. Ainsi, une augmentation du taux d'intérêt nécessite une baisse du revenu global pour assurer l'équilibre du marché du bien, et une hausse du revenu global pour assurer l'équilibre sur le marché de la monnaie.

Une augmentation du taux d'intérêt ($dr > 0$) réduit en effet la demande globale de biens ($c_r^{'} < 0$, $i_r^{'} < 0$), et donc l'offre globale des entreprises ($dy < 0$). La relation (IS) est donc décroissante. La hausse du taux d'intérêt est synonyme d'augmentation du coût d'opportunité de détention de la monnaie. Dans ce contexte, les ménages révisent le placement de leur épargne en augmentant leur portefeuille-titres, et en réduisant leur détention de monnaie pour motif de spéculation. À offre de monnaie inchangée, la réduction de la détention de monnaie, pour motif de spéculation, doit être compensée par l'accroissement de la détention de monnaie de transaction des ménages. Pour ce faire il faut nécessairement que le revenu global augmente ($l_y^{'} > 0$). La relation (LM) est donc croissante.

Les courbes des relations (IS) et (LM) sont représentées sur le graphique ci-dessous (Graphique 2.1). Compte tenu de leurs configurations respectives, elles se coupent en un point unique pour des valeurs positives de y et r, caractérisant l'équilibre macroéconomique, ou la solution du système d'équations $IS - LM$.

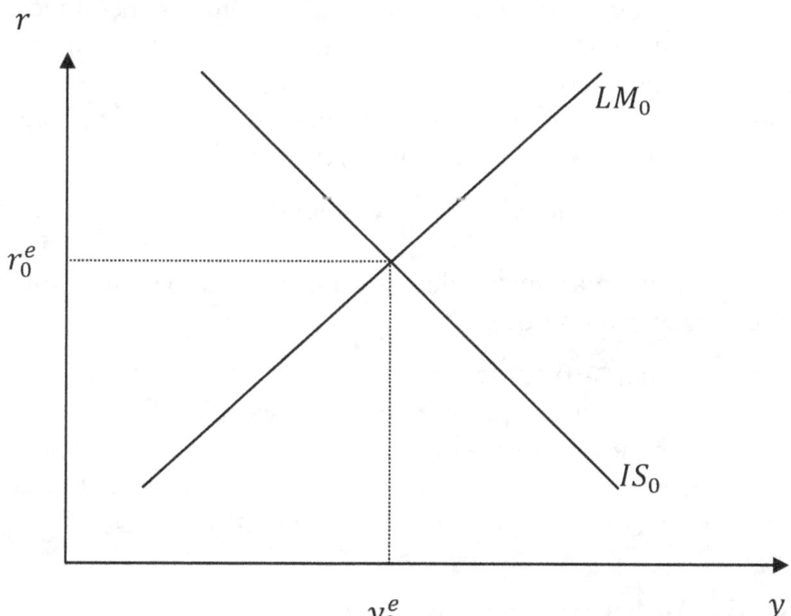

Graphique 2.1

La résolution du modèle et les multiplicateurs

La résolution du système précédent pour dy et dr donne les solutions suivantes :

$$\begin{cases} \eta d\bar{g} + \dfrac{c'_r + i'_r}{l'_r}\eta d\bar{m} = dy^e & (2.7) \\ -\dfrac{l'_y}{l'_r}\eta d\bar{g} + \dfrac{1 - c'_y - i'_y}{l'_r}\eta d\bar{m} = dr^e & (2.8) \end{cases}$$

$$\eta = \frac{1}{1 - c'_y - i'_y + (c'_r + i'_r)\frac{l'_y}{l'_r}} > 0$$

Les équations (2.7) et (2.8) permettent d'évaluer l'incidence des mesures de politique économique sur les variables de bouclage du modèle. Dans ce cas de figure, (dy^e) et (dr^e) sont les inconnues du modèle. Ces équations peuvent cependant servir à déterminer les mesures de politique économique à prendre pour atteindre un objectif d'équilibre macroéconomique prédéterminé, ou recherché. Dans ce cas de figure, $(d\bar{g})$ et $(d\bar{m})$ sont les inconnues du modèle.

Les multiplicateurs du modèle macroéconomique sont les coefficients des variations des instruments de politique économique $(d\bar{g},\ d\bar{m})$. Ils mesurent les effets marginaux des variables instrumentales sur les variables endogènes du modèle.

Ainsi le paramètre $\eta > 0$ est le multiplicateur des dépenses publiques $(d\bar{g})$ associé au revenu d'équilibre (dy^e). Il est plus faible que son équivalent dans le modèle IS (l'équilibre IS renvoie au fonctionnement du modèle avec uniquement le marché du bien) en raison de l'effet de « retour financier», ou « effet d'éviction » inhérent au modèle $IS - LM$.

Analyse des politiques économiques

Dans l'ensemble de ce manuel, l'objectif final de la politique macroéconomique est de résorber l'excès d'offre (chômage) qu'il y a sur le marché du travail. Dans le modèle keynésien, cette problématique centrale est résolue à travers un accroissement de la demande globale de biens. Pour ce faire, nous analysons en particulier les propriétés des politiques budgétaires expansives (accroissement des achats de biens de l'administration) d'une part, et des politiques monétaires expansives (achats de titres domestiques par l'administration) d'autre part. Il s'agit d'expliciter formellement et graphiquement les effets de ces politiques économiques sur les variables de bouclage du modèle, pour faire des recommandations dans la perspective du plein emploi.

Politique budgétaire

On considère un supplément de dépenses publiques financées par emprunt. Les multiplicateurs associés à cette politique sont les suivants :

$$\frac{dy^e}{d\bar{g}} = \eta > 0 \qquad \frac{dr^e}{d\bar{g}} = -\frac{l'_y}{l'_r}\eta > 0$$

Ainsi, la politique budgétaire expansive stimule le revenu et le taux d'intérêt d'équilibre. Accroître les dépenses publiques revient en effet à augmenter la composante publique de la demande globale de biens. Il est donc compréhensible que les entreprises, qui ont des capacités excédentaires, réagissent en produisant davantage pour satisfaire cette demande supplémentaire de biens.

Toutefois, l'accroissement induit du revenu est moins important que dans le modèle keynésien élémentaire IS en raison de « l'effet de retour financier» ($\varphi > \eta$). Cet effet est lié ici à la hausse concomitante du taux d'intérêt qui pénalise les composantes privées de la demande globale ($c_r^{'}, i_r^{'} < 0$), et atténue de ce fait l'impact initial de l'accroissement des dépenses publiques sur le revenu.

Le déplacement de y_0^e à y_2^esur le Graphique 2.2 ci-dessous correspond à l'effet de l'accroissement des dépenses publiques sur le revenu d'équilibre, en l'absence de hausse du taux d'intérêt ; autrement dit au nouveau revenu d'équilibre dans le modèle IS.

Le nouveau revenu d'équilibre y_1^e<y_2^e caractérise l'équilibre $IS - LM$. Ici, l'accroissement du revenu induit par la hausse des dépenses publiques suscite par ailleurs une demande supplémentaire de monnaie, qui à offre de monnaie inchangée, accroît le taux d'intérêt ($r_0^e \rightarrow r_1^e$), ce qui réduit la demande globale. C'est « l'effet d'éviction» des dépenses privées par les dépenses publiques.

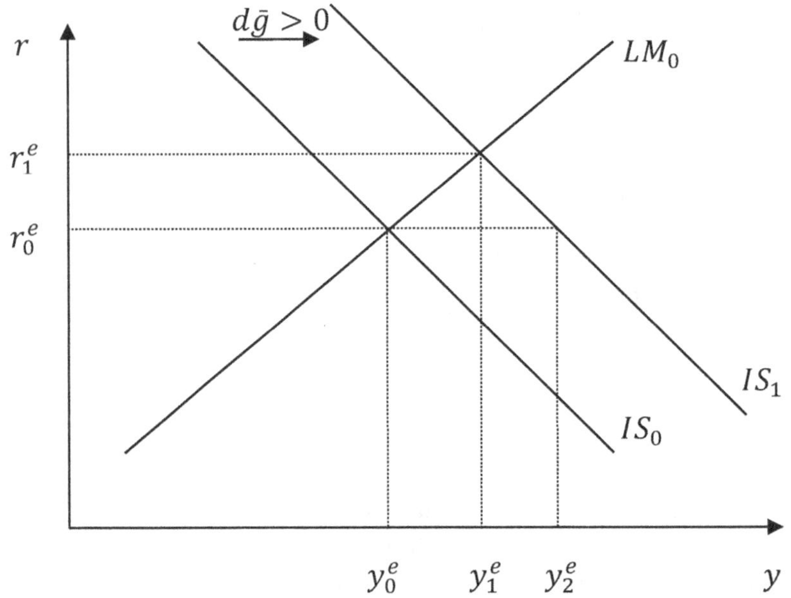

Graphique 2.2

L'effet de retour financier n'est pas opérant dans trois cas de figure : lorsque l'économie se trouve en situation de « trappe à liquidité ($l_r^{'} \rightarrow \; -\infty$ / Graphique 2.3) » ; lorsque la demande globale de biens est insensible au taux d'intérêt ($c_r^{'} = 0$, $i_r^{'} = 0$ / Graphique 2.4) ; et lorsqu'on accompagne la politique budgétaire d'une politique monétaire expansive qui stabilise le niveau du taux d'intérêt (Graphique 2.5 page suivante).

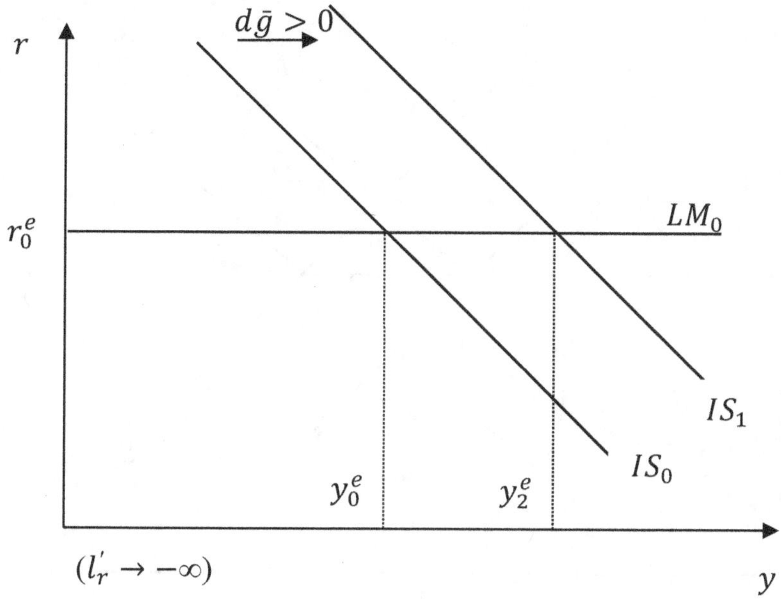

Graphique 2.3

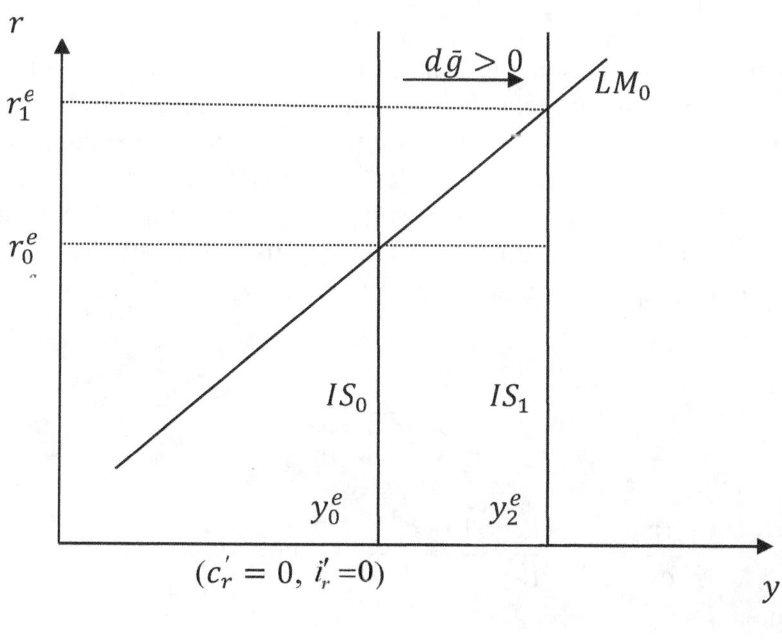

Graphique 2.4

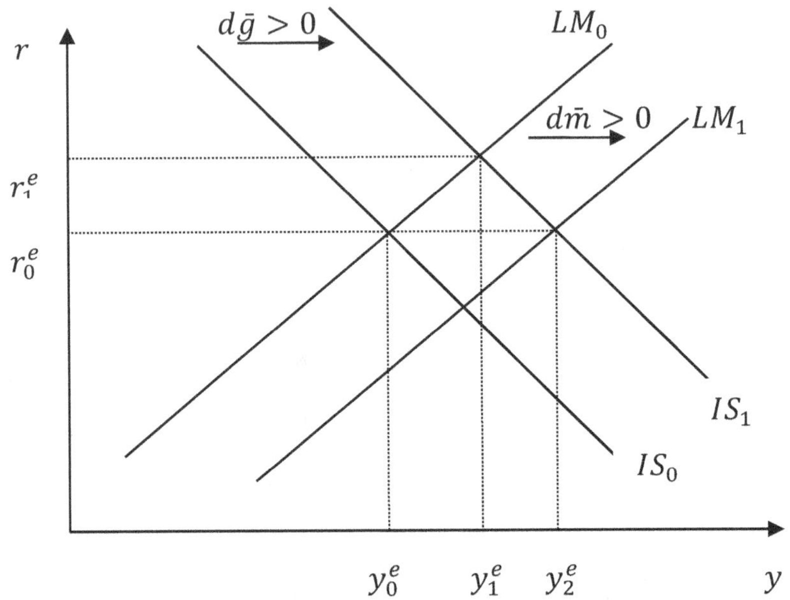

Graphique 2.5

Il est à noter que, lorsque le financement des dépenses publiques supplémentaires est monétaire, et non par emprunt, la politique budgétaire expansive est toujours plus efficace, dans la mesure où ce mode de financement atténue « l'effet d'éviction ». En effet, si $d\bar{g} = d\bar{m} > 0$, on a simultanément un multiplicateur du revenu plus élevé, et un multiplicateur du taux d'intérêt plus faible que dans le cas d'un financement par emprunt :

$$\frac{dy^e}{d\bar{g}} = \left(1 + \frac{c'_r + i'_r}{l'_r}\right)\eta \geq \eta$$

$$\frac{dr^e}{d\bar{g}} = \left(-\frac{l'_y}{l'_r} + \frac{1 - c'_y - i'_y}{l'_r}\right)\eta \leq -\frac{l'_y}{l'_r}\eta$$

Politique monétaire

On suppose un achat de titres par la banque centrale (politique d'*open market*) qui accroît la masse monétaire en circulation.

Les multiplicateurs associés à cette politique monétaire expansive sont les suivants :

$$\frac{dy^e}{d\bar{m}} = \frac{c'_r + i'_r}{l'_r}\eta \geq 0$$

$$\frac{dr^e}{d\bar{m}} = \frac{1 - c'_y - i'_y}{l'_r}\eta \leq 0$$

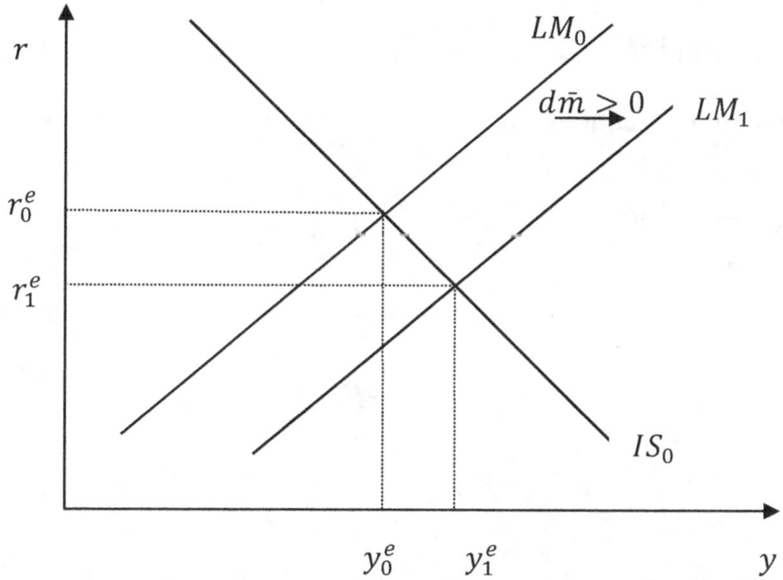

Graphique 2.6

La politique monétaire accroît donc le revenu, et réduit le taux d'intérêt à l'équilibre macroéconomique. L'augmentation de l'offre de monnaie (achat de titres), toute chose étant égale par ailleurs, réduit le taux d'intérêt, ce qui stimule la demande globale et l'offre de biens des entreprises. Le taux d'intérêt est ainsi le canal de transmission de la politique monétaire dans notre économie. Il est donc compréhensible que la politique monétaire soit inefficace ($dy = 0$) lorsque la demande globale est insensible aux variations du taux d'intérêt ($c_r' = 0$, $i_r' = 0$), et lorsque l'économie se trouve en situation de « trappe à liquidité » ($l_r' \to -\infty$).

Dans le premier cas de figure, la baisse induite du taux d'intérêt ne relance pas la demande globale. Dans le deuxième cas de figure, l'invariance du taux d'intérêt, malgré l'accroissement de l'offre de monnaie, laisse inchangées la demande et l'offre globale de biens.

En définitive, on peut considérer qu'en dehors de quelques situations particulières, les politiques budgétaire et monétaire expansives sont globalement efficaces pour accroître le revenu global d'équilibre, et résorber le chômage dans le modèle keynésien en économie fermée. Leur efficacité est renforcée lorsque les deux politiques sont combinées.

Exercice corrigé

On considère une économie décrite par les relations suivantes :

$$\begin{cases} c = \alpha(y - t) - \beta r \\ i = \lambda y - \delta r \\ t = \theta y \\ g = \bar{g} \\ m^d = \mu y - \tau r \\ m^o = \Delta \bar{m} \\ y = g(n) \end{cases}$$

y, est le produit global ; $g(n)$, la fonction de production de court terme ; $\bar{n} > n$, la quantité de travail de plein emploi ; n, la quantité de travail demandée ; c, la consommation des ménages ; i, l'investissement des entreprises ; g, la consommation publique (dépenses publiques) ; m^o, m^d, respectivement l'offre et la demande de monnaie ; t, les impôts ; r, le taux d'intérêt.

Toutes les variables sont exprimées en termes réels, et les caractères grecs sont tous des paramètres $\in]0,1[$, excepté $\tau > 0$. Les termes surmontés d'une barre sont des variables exogènes.

Questions

1. Commenter les fonctions de demande de biens.
2. Déterminer l'équation de la droite IS et donner sa signification économique.
3. Déterminer l'expression du multiplicateur des dépenses publiques et préciser sa signification.
4. Déterminer analytiquement l'effet d'une baisse exogène du taux d'intérêt de ω ($dr = -\omega < 0$) points sur le revenu d'équilibre. Que devient cet effet si $\delta = \beta = 0$?
5. Déterminer l'équation de la droite LM et donner sa signification économique.
6. Déterminer le revenu et le taux d'intérêt d'équilibre en fonction des variables exogènes et des paramètres du modèle $IS - LM$.
7. Donner les expressions analytiques des multiplicateurs suivants :

$$\frac{dy^e}{d\bar{g}}, \frac{dy^e}{d\bar{m}}, \frac{dr^e}{d\bar{g}}, \frac{dr^e}{d\bar{m}}$$

8. Faire une analyse de l'impact des politiques budgétaire et monétaire expansives sur l'équilibre macroéconomique.
9. Faire une analyse comparative entre l'impact d'une politique budgétaire expansive sur le revenu d'équilibre macroéconomique dans le modèle IS, d'une part, et l'impact de cette politique sur le revenu d'équilibre dans le modèle $IS - LM$, d'autre part.

10. Expliquer l'effet de « retour financier» dans le modèle $IS - LM$ à l'aide d'une illustration graphique.
11. On suppose $\tau \rightarrow -\infty$. À quelle situation particulière cette hypothèse s'apparente dans la théorie keynésienne de la demande de monnaie ? Faire une analyse des effets des politiques budgétaire et monétaire expansives dans ce cas de figure.

Corrigé

1.

Dans ce modèle macroéconomique, les fonctions de consommation et d'investissement intègrent des effets qui ne sont pas pris en compte par Keynes. Il en est ainsi de l'effet du taux d'intérêt dans la fonction de consommation, et de l'effet de revenu dans la fonction d'investissement. La présence du taux d'intérêt dans la fonction de consommation renvoie à des formulations prenant en compte les effets de richesse ou de patrimoine (Théorie du revenu permanent, Théorie du cycle de vie, ...) et non uniquement les effets de revenus. La présence du revenu dans la fonction d'investissement renvoie aux formulations en termes d'accélérateurs.

2.

L'équilibre sur le marché du bien implique :

$$\begin{aligned} y^d &= y^o \\ \Rightarrow c + i + g &= y^e \\ \Rightarrow \alpha(1-\theta)y - \beta r + \lambda y - \delta r + \bar{g} &= y^e \\ \Rightarrow -(\beta + \delta)\psi r + \psi \bar{g} &= y^e \end{aligned} \tag{2.9}$$

$$\psi = \frac{1}{1 - \alpha(1-\theta) - \lambda} > 0$$

La relation (2.9) est la relation IS. C'est la relation entre le revenu (y) et le taux d'intérêt (r) qui assure l'équilibre sur le marché du bien. Cette relation garantit aussi l'équilibre ex post (après ajustement du marché) entre l'investissement (I) et l'épargne (S). Cette relation est décroissante, indiquant ainsi qu'une hausse du taux d'intérêt nécessite une baisse du revenu pour que le marché du bien demeure en équilibre.

3.

L'expression du multiplicateur des dépenses publiques associé au revenu d'équilibre est le suivant :

$$\frac{dy^e}{d\bar{g}} = \psi = \frac{1}{1 - \alpha(1 - \theta) - \lambda} > 0$$

$$\Rightarrow dy^e = \psi d\bar{g}$$

Un multiplicateur mesure l'effet d'une variation marginale d'une variable exogène, sur une variable endogène. Le multiplicateur des dépenses publiques indique donc ici, l'impact sur le revenu d'équilibre d'une variation marginale des dépenses publiques. Celui-ci est supérieur à 1 dans le modèle keynésien élémentaire, parce qu'un accroissement initial des dépenses publiques enclenche un processus itératif, dont la durée dépend de la proximité à 1 de la propension marginale à consommer. Il en est ainsi chez Keynes, parce que tout accroissement d'une composante de la demande globale (c, i ou g) se traduit par un accroissement du revenu d'équilibre, qui alimente à son tour la consommation (à hauteur de la propension marginale à consommer) laquelle est, elle-même, une composante de la demande globale, et ainsi de suite.

4.

Une baisse du taux d'intérêt stimule le revenu d'équilibre, à travers son impact de relance sur la consommation et l'investissement, qui sont des composantes de la demande globale.

$$\frac{dy^e}{dr} = (\beta + \delta)\omega\psi > 0$$

Si $\delta = \beta = 0$ on a,

$$\frac{dy^e}{dr} = 0$$

Autrement dit, sous ces hypothèses, le revenu d'équilibre est insensible aux variations du taux d'intérêt. En effet dans ce cas de figure, la consommation des ménages, et l'investissement des entreprises sont indépendants du taux d'intérêt ($i = \lambda y,\ \ c = \alpha(1-\theta)y$). Seuls demeurent les effets de revenu sur la consommation et l'investissement (effet d'accélération). La baisse du taux d'intérêt ne permet donc pas une relance de la consommation et de l'investissement, de telle sorte que le revenu d'équilibre n'est pas affecté.

5.

L'équilibre sur le marché de la monnaie implique :

$$\begin{aligned} & m^d = m^o \\ & \Rightarrow l(y, r) = \Delta\bar{m} \\ & \Rightarrow \mu y - \tau r = \Delta\bar{m} \\ \Rightarrow & \frac{\tau}{\mu} r - \frac{1}{\mu}\Delta\bar{m} = y \end{aligned} \tag{2.10}$$

La relation (2.10) est la relation LM. C'est la relation entre le revenu (y) et le taux d'intérêt (r) qui assure l'équilibre sur le marché de la monnaie. Cette relation est croissante, indiquant ainsi qu'une hausse du taux d'intérêt, nécessite une hausse du revenu pour garantir l'équilibre du marché de la monnaie.

6.

Le revenu et le taux d'intérêt d'équilibre macroéconomique sont obtenus par la résolution du modèle $IS - LM$:

$$\begin{cases} -(\beta + \delta)\psi r^e + \psi\bar{g} = y^e & (2.11) \\ \\ \dfrac{\tau}{\mu} r^e - \dfrac{1}{\mu}\Delta\bar{m} = y^e & (2.12) \end{cases}$$

$$\Rightarrow \begin{cases} \dfrac{\beta + \delta}{\tau} \eta \Delta \bar{m} + \eta \bar{g} = y^e & (2.13) \\ \\ -\dfrac{1 - \alpha(1 - \theta) - \lambda}{\tau} \eta \Delta \bar{m} + \dfrac{\mu}{\tau} \eta \bar{g} = r^e & (2.14) \end{cases}$$

$$\eta = \frac{1}{1 - \alpha(1 - \theta) - \lambda + (\beta + \delta)\frac{\mu}{\tau}} > 0$$

7.

Les multiplicateurs sont les suivants :

$$\frac{dy^e}{d\bar{g}} = \eta > 0$$

$$\frac{dy^e}{d\bar{m}} = \frac{\beta + \delta}{\tau} \eta > 0$$

$$\frac{dr^e}{d\bar{g}} = \frac{\mu}{\tau} \eta > 0$$

$$\frac{dr^e}{d\bar{m}} = -\frac{1 - \alpha(1 - \theta) - \lambda}{\tau} \eta < 0$$

8.

Un accroissement des dépenses publiques est synonyme d'augmentation de la demande globale de biens. Il s'ensuit logiquement un accroissement du revenu dans un modèle keynésien ($dy^e/d\bar{g} > 0$). L'impact positif sur le taux d'intérêt d'équilibre est lié à l'effet induit de l'accroissement du revenu sur la demande de monnaie. En effet, à cause de la présence d'un motif de transaction dans la détention de monnaie des ménages, ceux-ci augmentent leur demande de monnaie en contrepartie de titres. Le prix (cours) des titres baisse et leur rendement (taux d'intérêt) augmente ($dr^e/d\bar{g} > 0$).

Une augmentation de l'offre de monnaie (rachat de titres par l'administration) entraîne une hausse des cours des titres et une baisse de leur rendement (taux d'intérêt) ($dr^e/d\bar{m} < 0$). La baisse du taux d'intérêt stimule la demande globale (à travers la relance de la consommation et de l'investissement) et donc le revenu global ($dy^e/d\bar{m} > 0$).

9.

Les multiplicateurs respectifs sont les suivants :

$$\left(\frac{dy^e}{d\bar{g}}\right)_{IS} = \psi = \frac{1}{1-\alpha(1-\theta)-\lambda} > 0$$

$$\left(\frac{dy^e}{d\bar{g}}\right)_{IS-LM} = \eta = \frac{1}{1-\alpha(1-\theta)-\lambda+(\beta+\delta)\frac{\mu}{\tau}} > 0$$

$$\Rightarrow \quad \left(\frac{dy^e}{d\bar{g}}\right)_{IS} > \left(\frac{dy^e}{d\bar{g}}\right)_{IS-LM}$$

Autrement dit, l'impact d'un accroissement des dépenses publiques est plus important dans le modèle IS, que dans le modèle $IS-LM$. C'est l'effet de « retour financier» ou « effet d'éviction » qui explique cette baisse de performance dans le modèle $IS-LM$.

10.

L'effet de retour financier inhérent au modèle $IS-LM$ est lié à la hausse concomitante du taux d'intérêt lorsqu'on augmente les dépenses publiques. Cette hausse du taux d'intérêt a pour effet de pénaliser l'investissement des entreprises et la consommation des ménages, ce qui freine l'effet initial des dépenses publiques sur le revenu d'équilibre. Au total, l'accroissement du revenu à l'équilibre est moins important qu'en l'absence de la hausse corrélative du taux d'intérêt. En d'autres termes, il y a éviction partielle des dépenses privées par les dépenses publiques.

Si l'investissement des entreprises et la consommation des ménages ne dépendent pas du taux d'intérêt ($\delta = \beta = 0$), on a :

$$\left(\frac{dy^e}{d\bar{g}}\right)_{IS} = \frac{1}{1-\alpha(1-\theta)-\lambda} = \left(\frac{dy^e}{d\bar{g}}\right)_{IS-LM} = \frac{1}{1-\alpha(1-\theta)-\lambda}$$

Dans ce cas de figure, l'effet de « retour financier» n'est pas opérant dans la mesure où la hausse corrélative du taux d'intérêt d'équilibre ne freine pas l'accroissement de la demande globale.

11.

Cette hypothèse ($\tau \rightarrow -\infty$) caractérise la situation de « trappe à liquidité» de Keynes. Anticipant une remontée du taux d'intérêt, et donc une chute du prix (cours) des titres, les ménages ne détiennent plus que de la monnaie en raison de la faiblesse du niveau du taux d'intérêt. Il n'y a donc plus de demande supplémentaire de monnaie, lorsque les dépenses publiques augmentent, dans la mesure où la totalité de l'épargne des ménages est détenue sous forme de monnaie. Le taux d'intérêt ne varie donc pas dans ce cas de figure ($dr^e/d\bar{g} = 0$ si $\tau \rightarrow -\infty$) lorsqu'on augmente les dépenses publiques, et il n'y a donc pas d'effet d'éviction :

$$\left(\frac{dy^e}{d\bar{g}}\right)_{IS-LM} = \frac{1}{1-\alpha(1-\theta)-\lambda} > 0$$

Si $\tau \rightarrow -\infty$

CHAPITRE III

LES FLUX ÉCONOMIQUES EN ÉCONOMIE OUVERTE

On considère désormais que les agents économiques résidents et non-résidents entretiennent des rapports d'échanges en matière de biens, de services, d'actifs financiers et monétaires. Autrement dit, l'économie domestique est ouverte sur l'extérieur.

Les flux de biens et services

L'équilibre emplois ressources en biens – La balance commerciale

En économie ouverte, les emplois en biens regroupent les exportations et l'absorption. Celle-ci est composée des demandes de biens importés et produits dans l'économie domestique pour la consommation finale et l'investissement (dépenses domestiques). Quant aux ressources, on distingue la production domestique et les produits importés.

Au niveau macroéconomique, on a l'égalité suivante :

$$Y + Z = X + A \qquad (3.1)$$

$$\Rightarrow \quad Y - A = X - Z = SBC \qquad (3.2)$$

Avec Y, la production en valeur ; Z, les importations en valeur ; X, les exportations en valeur ; A, l'absorption (consommation des ménages (C), l'investissement des entreprises (I), et les dépenses publiques (G)) en valeur. La relation (3.2) indique le lien qu'il y a entre la production domestique ou produit intérieur (Y, PIB), l'absorption (A), et le solde de la balance commerciale (SBC).

Lorsque la balance commerciale est déficitaire ($SBC < 0$), les dépenses domestiques sont plus importantes que la production intérieure ($A > Y$). Dans la configuration inverse ($SBC > 0$), la production intérieure est supérieure aux dépenses domestiques ($Y > A$). Lorsque la balance commerciale est équilibrée ($SBC = 0$), les dépenses domestiques sont égales à la production intérieure ($A = Y$).

L'équilibre emplois-ressources en biens et services – La balance courante

La relation (3.2) intègre uniquement les échanges en biens entre les résidents et les non-résidents. Si on prend en compte leurs échanges de revenus et de services, on a :

$$Y + SBI - A = SBC + SBI$$

$$Y + SBI = A + SBC + SBI$$

$$\Rightarrow PNB = A + SBT \qquad (3.3)$$

SBI, est le solde de la balance des invisibles (revenus et services) ; $PNB = Y + SBI$, est le produit national brut ; $SBT = SBC + SBI$, est le solde de la balance des transactions courantes.

La balance des transactions courantes enregistre les soldes des opérations sur les biens (balance commerciale), les services (transports, voyages, services de communication, de construction, d'assurances, services financiers, services informatiques, redevances et droits de licences, etc.), les revenus de facteurs (rémunération des salariés, revenus des investissements), et les transferts courants (envoi de fonds des travailleurs, négoce international, etc.).

Les opérations sur les services et les revenus sont, en raison de leur nature immatérielle, recensées dans la balance dite des « invisibles ».

Les ventes de biens et services à l'extérieur, et la perception des revenus de l'étranger (entrées de flux monétaires), améliorent la balance des transactions courantes. Inversement, les achats de biens et services à l'extérieur, et le versement de revenus à l'étranger (sorties de flux monétaires), détériorent la balance des transactions courantes. Autrement dit, les exportations de biens, les ventes de services, et les entrées de revenus améliorent la balance des transactions courantes. Par contre, les importations de marchandises, les achats de services, et les sorties de revenus la détériorent.

L'équilibre ex post entre l'épargne et l'investissement

La relation (3.3) décrit le lien entre le produit national brut (PNB), l'absorption (A), et le solde courant (SBT). On peut en déduire la relation entre l'épargne nationale (S) et l'investissement macroéconomique en économie ouverte :

$$PNB - T = A - T + SBT$$
$$(PNB - T) - C = I - (T - G) + SBT$$
$$S = I - (T - G) + SBT$$
$$(S - I) + (T - G) = SBT$$
$$\Rightarrow \quad (S - I) + (T - G) = SBT \qquad (3.4)$$

Avec $S = (PNB - T) - C$, l'épargne nationale en valeur ; T, les impôts en valeur.

Le terme $(S - I)$ représente le besoin ou la capacité de financement du secteur privé ; $(T - G)$) représente le besoin ou la capacité de financement du secteur public ; et SBT est le solde de la balance des transactions courantes ou solde courant.

La relation (3.4) indique que l'équilibre ex post entre l'épargne nationale (privée et publique) et l'investissement (privé et public) est assuré, dans une économie ouverte, lorsque la balance des transactions courantes est équilibrée. Un pays qui possède un solde courant excédentaire produit plus de biens et services qu'il n'en absorbe par ses dépenses domestiques. Son épargne est utilisée pour financer les dépenses excédentaires des non-résidents. En cas de déficit de son compte courant, le pays achète plus de biens et services qu'il n'en produit. Il finance ce déficit par l'épargne étrangère s'il n'a pas d'avoirs extérieurs. Le solde courant donne ainsi une indication sur le besoin ou la capacité de financement de l'économie domestique.

Les flux financiers

En économie ouverte, les résidents et les non-résidents échangent aussi des actifs financiers. Ces opérations sont enregistrées dans la balance des flux financiers, en distinguant celles qui concernent les agents non financiers, de celles qui impliquent les agents financiers (secteur bancaire et autorités monétaires).

Les flux financiers hors avoirs de réserve de change

Les flux financiers hors avoirs de réserve de change intègrent les investissements directs (capital social, bénéfices réinvestis et autres opérations), les investissements de portefeuille (actions, obligations, instruments à court terme du marché monétaire, produits financiers dérivés), et les autres investissements (crédits et prêts commerciaux).

Les avoirs de réserve de change

Les avoirs de réserve comprennent le stock d'or, les avoirs en droits de tirage spéciaux (DTS), la position nette de réserves au Fonds monétaire international (FMI), et les devises étrangères.

La balance des paiements

La balance des paiements recense comptablement l'ensemble des échanges de services, d'actifs réels et financiers entre les agents économiques résidents et non-résidents d'une économie sur une période de temps donné.

Au niveau institutionnel le concept de résident recouvre en général trois catégories d'agents :

1. les agents financiers (secteur bancaire) ;
2. l'administration (secteur public) ;
3. les agents non financiers (secteur privé non bancaire).

Les non-résidents sont en général répartis en correspondants étrangers (agents financiers) et en clientèle non-résidente (agents non financiers).

Les différentes composantes de la balance des paiements

La balance des paiements agrège la balance des transactions courantes (Comptes des transactions courantes), la balance des flux financiers (Comptes financiers) et le solde du Compte de capital (Dons, Remises de dettes, etc.). Dans l'analyse en flux, le Compte de capital est exclu.

Les soldes intermédiaires de la balance des paiements

La balance des paiements est par construction équilibrée en raison du principe d'enregistrement en partie double. Dans la mesure où chaque opération est un échange avec les non-résidents, elle donne lieu à deux écritures de même montant. L'une des écritures est enregistrée au débit (crédit) du compte des transactions courantes ; l'autre l'est au crédit (débit) du compte financier.

Le solde de la balance des paiements agrège des soldes intermédiaires qui sont des indicateurs synthétiques d'analyse de la conjoncture macroéconomique :

$$SBP = SBT + SBK + SCC + AR \tag{3.5}$$

$$SBT = SBC + SBI \tag{3.6}$$

$$SBK = SBKMO + SBKNM \tag{3.7}$$

Le solde de la balance des transactions courantes (SBT) est la somme du solde de la balance commerciale (SBC) et du solde de la balance des invisibles (SBI).

Le solde de la balance commerciale (SBC) est un indicateur de compétitivité de l'économie. Le solde de la balance des invisibles (SBI) donne des informations sur l'activité des services et les flux de revenus de facteurs. Dans l'analyse théorique de court terme, on néglige cette dernière composante, de telle sorte que le solde des transactions courantes est assimilé au solde de la balance commerciale ($SBT = SBC$). Dans l'analyse théorique de long terme on prend en compte les revenus du facteur capital.

Le solde des flux financiers hors avoirs de réserve (SBK) agrège le solde des flux financiers monétaires ($SBKMO$) qui concernent le secteur bancaire, et le solde des flux financiers non monétaires ($SBKNM$).

Au sein des flux financiers non monétaires, on ne retient en théorie que les investissements de portefeuille, en négligeant les autres composantes.

Le solde du compte de capital (SCC : dons, remises de dettes, …) n'est pas pris en considération dans l'analyse en flux.

La composante AR représente la variation des avoirs de réserve détenus par l'administration (autorités monétaires).

Après les restrictions évoquées ci-dessus, la relation (3.5) se réécrit de la façon suivante :

$$SBP = SBC + SBKNM + SBKMO + AR \quad (3.8)$$
$$= SBG + \Delta R \quad (3.9)$$

Où $SBG = SBC + SBKNM$ est le solde de la balance globale des paiements, et $\Delta R = SBKMO + AR$ la variation des réserves de change de l'ensemble de l'économie. La balance des paiements étant par construction équilibrée, on a l'égalité suivante au niveau macroéconomique :

$$SBP = SBG + \Delta R = 0$$
$$\Rightarrow SBG = -\Delta R$$

L'équilibre de la balance des paiements implique donc l'égalité du montant du solde de la balance globale des paiements avec celui du flux des réserves de change de l'économie. Le solde de la balance globale des paiements donne ainsi une évaluation des variations des réserves de change de l'économie.

L'ajustement de la balance commerciale

On suppose que les achats (importations) et les ventes (exportations) de biens aux non-résidents sont déterminés par le prix relatif des biens domestiques et étrangers. Sous cette hypothèse, le principe de la parité du pouvoir d'achat (PPA) doit être assuré lorsque la balance commerciale est équilibrée.

La parité du pouvoir d'achat (PPA)

Le principe de la parité du pouvoir d'achat (PPA) constitue depuis l'abandon de « l'étalon-Or », la référence théorique pour l'évaluation de la parité des monnaies. Il établit la stabilité du pouvoir d'achat d'une unité de monnaie donnée dans ses différentes expressions en devises. Sous l'hypothèse de PPA, le rapport de change entre deux monnaies reflète le rapport des prix des biens dans les économies utilisant les deux monnaies. En d'autres termes, sous l'hypothèse de PPA, le taux de change nominal entre deux monnaies garantit l'égalité, en niveau et en taux de croissance, des prix des biens produits dans les économies considérées lorsqu'on les exprime dans la même unité monétaire. En cela, la PPA est le reflet de la loi classique du prix unique.

La PPA absolue

Le principe de la PPA absolue est vérifié lorsque le taux de change réel est égal à 1 ($q = 1$). Autrement dit, ce principe est vérifié lorsqu'une unité de bien produit à l'extérieur, s'échange exactement contre une unité du même bien domestique, indépendamment des expressions monétaires de sa valeur. Une unité de bien domestique rapporte (ep) en devises, alors qu'une unité de bien étranger coûte (p^*). La PPA absolue implique donc :

$$p^* = ep \quad \Rightarrow \quad e = \frac{p^*}{p} \tag{3.10}$$

Ainsi, la PPA absolue implique l'égalité du taux de change nominal au rapport de prix. Elle exprime de ce fait la loi du prix unique des biens.

La PPA relative

La PPA relative est vérifiée lorsque le taux de change réel est stable ($dq = 0$), autrement dit, lorsque le rapport d'échange en termes de biens est constant. Pour ce faire il faut que les évolutions des prix respectifs exprimées dans la même monnaie soient identiques.

$$\frac{dq}{q} = 0 \quad \Rightarrow \quad \frac{de}{e} + \frac{dp}{p} = \frac{dp^*}{p^*} \tag{3.11}$$

($de/e + dp/p$), est le taux de croissance du prix en devise du bien domestique ; (dp^*/p^*) est le taux de croissance du prix du bien étranger. La parité relative du pouvoir d'achat établit donc l'égalité entre ces deux taux de croissance. En se référant à l'expression du taux de croissance du taux de change nominal, la PPA relative est vérifiée si et seulement si on a :

$$\frac{de}{e} = \frac{dp^*}{p^*} - \frac{dp}{p}$$

Cette égalité indique que, sous hypothèse de PPA relative, les variations du taux de change nominal reflètent la différence entre les taux d'inflation dans les économies domestique et étranger. En changes fixes, et en l'absence d'anticipation de dévaluation ($de/e = 0$), la relation (3.11) implique l'égalité des taux d'inflation dans les deux économies respectives.

Sous hypothèse de PPA relative, une augmentation plus rapide du prix en devise du bien domestique, comparativement à la hausse du prix du bien étranger ($de/e + dp/p > dp^*/p^* \Leftrightarrow dq/q > 0$), détériore la compétitivité des produits domestiques. Dans le cas contraire ($dq/q < 0$), la compétitivité des produits domestiques s'améliore. Le taux de change réel ($q = ep/p^*$), qui est un prix relatif, s'apparente donc à un indice de compétitivité économique dont l'évolution influence les ventes (exportations) et les achats (importations) de biens aux non-résidents.

Le théorème des élasticités critiques

Nous retenons l'hypothèse de la PPA relative pour la suite. Les transactions économiques entre résidents et non-résidents génèrent des opérations en devises sur le marché des changes. En limitant la source des opérations en devises aux seules transactions commerciales, la demande et l'offre sur le marché des changes se confondent respectivement à la valeur des exportations, et à celle des importations.

$$D(q) = px(q)$$

$$O(q) = p\frac{z(q)}{q}$$

Avec, $D(q)$ et $O(q)$, la demande et l'offre sur le marché des changes. Sous ces hypothèses, les ajustements sur le marché des changes reflètent l'état des soldes en valeur de la balance commerciale:

$$D(q) = O(q) \quad \Leftrightarrow \quad px(q) - p\frac{z(q)}{q} = 0 \qquad (3.12)$$

$$D(q) > O(q) \quad \Leftrightarrow \quad px(q) - p\frac{z(q)}{q} > 0 \qquad (3.13)$$

$$D(q) < O(q) \quad \Leftrightarrow \quad px(q) - p\frac{z(q)}{q} < 0 \qquad (3.14)$$

Les relations (3.12), (3.13) et (3.14) reflètent à la fois les états de la balance commerciale et les ajustements sur le marché des changes. Les déséquilibres sur le marché des changes engendrent des modifications de la parité de la monnaie, ou des réserves de changes de la banque centrale, selon qu'on est en régime de changes flexibles ou fixes.

Le solde de la balance commerciale s'identifie ici à la demande excédentaire ($\widetilde{D}(q)$) sur le marché des changes.

$$SBC(q) = px(q) - p\frac{z(q)}{q} = D(q) - O(q) = \widetilde{D}(q)$$

Si la demande excédentaire est décroissante en (q), une dépréciation de la monnaie domestique améliore le solde de la balance commerciale.

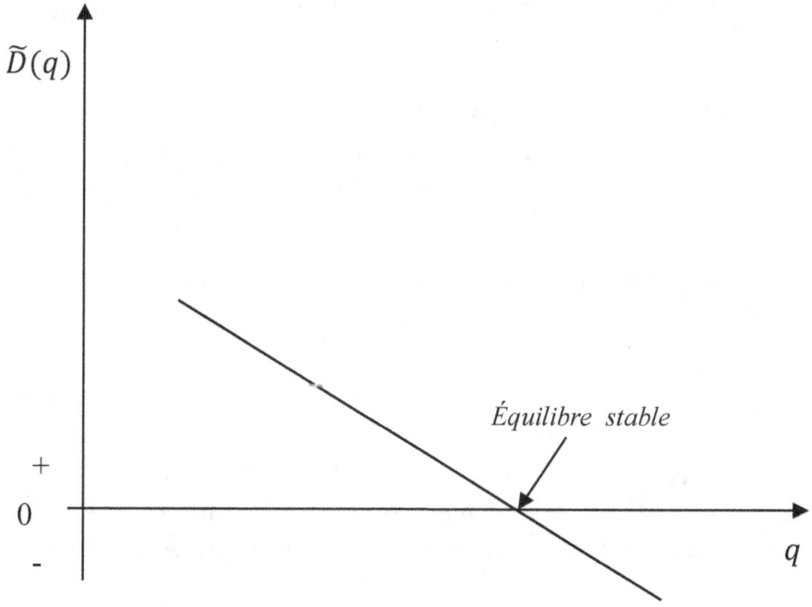

Graphique 3.1

$$\frac{d\widetilde{D}(q)}{dq} = \frac{dD(q)}{dq} - \frac{dO(q)}{dq} < 0 \quad \Leftrightarrow \quad \frac{dSBC(q)}{dq} < 0$$

Or,

$$\frac{dD(q)}{dq} = p\frac{x(q)}{q}\varepsilon_q^x < 0 \qquad et \qquad \frac{dO(q)}{dq} = p\frac{z(q)}{q^2}(\varepsilon_q^z - 1) <> 0$$

$$\Rightarrow \quad \frac{d\widetilde{D}(q)}{dq} = p\frac{x(q)}{q}\varepsilon_q^x - p\frac{z(q)}{q^2}(\varepsilon_q^z - 1) \qquad (3.15)$$

ε_q^z et ε_q^x sont respectivement les élasticités de la demande d'importations et d'offre d'exportations par rapport au taux de change réel. Leurs signes respectifs ($\varepsilon_q^z > 0$, $\varepsilon_q^x < 0$) sont justifiés par le fait qu'une augmentation du taux de change réel dégrade la compétitivité des produits domestiques, et engendre de ce fait, un surcroît d'importations et une réduction des exportations.

Lorsque la balance commerciale est équilibrée, on a les égalités suivantes :

$$px(q) = p\frac{z(q)}{q}$$
$$p\frac{x(q)}{q} = p\frac{z(q)}{q^2}$$

Avec ces égalités, la condition (3.15) se réécrit ainsi à l'équilibre de la balance commerciale:

$$\frac{d\widetilde{D}(q)}{dq} = p\frac{x(q)}{q}\left(\varepsilon_q^x - \varepsilon_q^z + 1\right) \qquad (3.16)$$

Avec (3.16), la condition ($d\widetilde{D}(q)/dq < 0$), qui détermine la stabilité de l'équilibre du marché des changes, ou l'amélioration du solde de la balance commerciale lorsque la monnaie domestique se déprécie, se réécrit :

$$p\frac{x(q)}{q}(\varepsilon_q^x - \varepsilon_q^z + 1) < 0$$
$$\Rightarrow \quad \varepsilon_q^x - \varepsilon_q^z + 1 < 0$$

$$\Rightarrow \quad |\varepsilon_q^x| + |\varepsilon_q^z| > 1 \qquad (3.17)$$

L'expression (3.17) est la condition de Marshall-Lerner-Robinson (MLR : Alfred Marshall, Abba Lerner, Joan Robinson) ou le théorème des élasticités critiques. Elle indique que le marché des changes est localement stable, ou que le solde nominal de la balance commerciale s'améliore, si l'effet valeur d'une dépréciation de la monnaie domestique, qui est un effet mécanique, est plus que compensé par l'effet volume, dont l'importance dépend de la sensibilité de demande des importations et d'offre d'exportations aux variations du taux de change.

En effet, une dépréciation de la monnaie domestique dégrade mécaniquement le solde nominal de la balance commerciale en monnaie domestique, dans la mesure où elle augmente le coût des importations, alors que le produit des exportations est constant, toute chose étant égale par ailleurs. C'est l'effet valeur ou détérioration des termes de l'échange.

Dans le même temps, une dépréciation de la monnaie domestique modifie les prix relatifs au profit des biens domestiques qui deviennent plus compétitifs. Cela doit entraîner un réajustement des volumes importés et exportés. L'ampleur du réajustement de ces volumes dépend de la sensibilité des fonctions de demande d'importations, et d'offre d'exportations aux variations du taux de change. C'est l'effet volume, ou effet gain de compétitivité qui va dans le sens d'une amélioration du solde nominal de la balance commerciale. La condition (3.17) indique qu'il y a amélioration du solde nominal de la balance commerciale, en cas de dépréciation de la monnaie domestique, lorsque les réajustements des volumes de biens importés et exportés sont suffisamment importants, de telle sorte que l'effet volume global domine l'effet valeur.

En pratique, il y a très souvent un décalage temporel entre l'effet valeur, dont la manifestation est immédiate, et l'effet volume, qui met un certain temps à se manifester. Ainsi, en supposant que la balance commerciale soit initialement équilibrée en $[t_0]$, une dépréciation de la monnaie domestique dégrade le solde en valeur de la balance commerciale dans un premier temps $[t_0, t_1]$. Ce solde se redresse progressivement par la suite, à mesure que l'effet volume se manifeste ($t \geq t_1$). Le solde en valeur de la balance commerciale décrit alors une trajectoire en forme de J (Graphique 3.2 ci-dessous : Courbe en J).

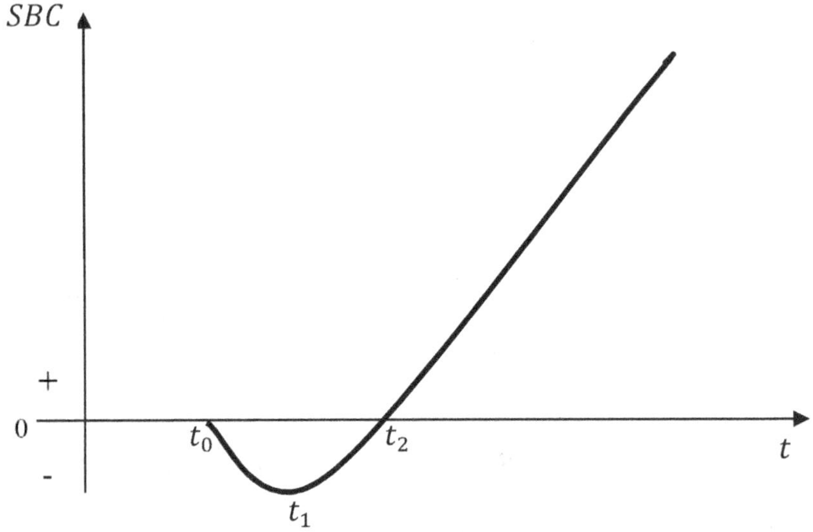

Graphique 3.2

Illustration chiffrée du théorème des élasticités critiques

$x_0 = 500 \qquad z_0 = 500 \qquad p_0 = 2 \qquad p_0^* = 5 \qquad e_0 = 2{,}5$

Avec ces données chiffrées, la PPA est vérifiée et la balance commerciale équilibrée en volume et en valeur.

$$e_0 = \frac{p_0^*}{p_0} = 2{,}5$$
$$p_0 x_0 = \frac{p_0^* z_0}{e_0} = 1000$$
$$SBC = 0$$

On suppose, toute chose étant égale par ailleurs, une dépréciation de la monnaie domestique : $de_0 = -0{,}5 \quad \Rightarrow \quad e_1 = 2$

Suite à la baisse du taux de change nominal, toute chose étant égale par ailleurs, le coût en valeur des importations augmente, alors que la valeur des exportations est inchangée. Dans ces conditions, le solde de la balance commerciale se détériore en raison du renchérissement de la facture des importations.

$$p_0 x_0 = 1000$$

$$\frac{p_0^* z_0}{e_1} = 1250$$

$$p_0 x_0 - \frac{p_0^* z_0}{e_1} = SBC = -250 < 0$$

Le solde en volume de la balance commerciale reste équilibré ($x_0 = z_0 = 500$). La dégradation du solde de la balance commerciale est donc liée à l'effet valeur de la dépréciation de la monnaie domestique qui est un effet mécanique.

Mais dans la mesure où cette dépréciation de la monnaie domestique entraîne une amélioration de la compétitivité des produits domestiques (rupture de la PPA ($e_1 p_0 = 4 < p_0^* = 5$)), cela doit engendrer un réajustement des quantités de biens exportés et importés. Plus précisément, le volume des exportations doit augmenter de ce fait, alors que le volume des importations doit baisser pour la même raison. Ces réajustements des quantités dépendent des élasticités des importations et des exportations par rapport au taux de change. Ces élasticités peuvent être fortes ou faibles.

Supposons que les réajustements des quantités soient faibles (élasticités faibles) :

$$dz = -10 \quad \Rightarrow \quad z_1 = 490$$

$$dx = +10 \quad \Rightarrow \quad x_1 = 510$$

$$\Rightarrow \quad p_0 x_1 = 2 \times 510 = 1020$$

$$\Rightarrow \quad \frac{p_0^* z_1}{e_1} = \frac{5}{2} \times 490 = 1225$$

$$\Rightarrow \quad p_0 x_1 - \frac{p_0^* z_1}{e_1} = SBC = -205 < 0$$

Dans ce cas de figure, la balance commerciale demeure déficitaire avec un déficit moins important qu'en l'absence de la prise en compte des ajustements des volumes.

Supposons que les réajustements des quantités soient importants (élasticités fortes) :

$$dx = +100 \quad \Rightarrow \quad x_1 = 600$$
$$dz = -100 \quad \Rightarrow \quad z_1 = 400$$
$$\Rightarrow \quad p_0 x_1 = 2 \times 600 = 1200$$
$$\Rightarrow \quad \frac{p_0^* z_1}{e_1} = \frac{5}{2} \times 400 = 1000$$

$$\Rightarrow \quad p_0 x_1 - \frac{p_0^* z_1}{e_1} = SBC = 200 > 0$$

Dans ce cas de figure, la balance commerciale devient excédentaire parce que les effets volumes dominent les effets valeurs.

L'ajustement de la balance des flux financiers – La parité des taux d'intérêt

Les flux financiers non monétaires (les investissements de portefeuille dans l'analyse de court terme) entre résidents et non-résidents sont supposés commandés par le principe de la parité des taux d'intérêt (PTI). Dans notre modèle, ce sont les arbitrages des non-résidents qui permettent la réalisation de ce principe. Leurs choix en matière de détention de titres domestiques engendrent des flux financiers hors avoirs en réserve. On suppose que ces choix de portefeuille se font sur la base d'arbitrages entre rendements des titres domestiques et étrangers sous hypothèses de mobilité et de substituabilité plus ou moins parfaites entre ces deux catégories d'actifs financiers.

Disposant d'un capital initial (W) exprimé en devises, un investisseur non-résident perçoit $(1 + r^*)W$ en fin de période, s'il opère un placement en titres étrangers en début de période. Le même investisseur non-résident anticipe comme revenu $(1 + r)\frac{e^a}{e}W$ en fin de période si le placement en début de période est réalisé en titres domestiques. $(1 + r)\frac{1}{e}W$ est en effet le montant en monnaie domestique des revenus du placement de l'investisseur non-résident en titres domestiques. e^a, est le taux de change qui est anticipé en début de période pour la fin de période. Les deux placements (titres étrangers et titres domestiques, qui sont supposés être des substituts parfaits) sont équivalents si et seulement si on a :

$$(1+r^*)W = (1+r)\frac{e^a}{e}W$$

$$\Rightarrow \quad 1+r^* = (1+r)\frac{e^a}{e}$$

$$\Rightarrow \quad \frac{1+r^*}{1+r} = \frac{e^a}{e}$$

$$\Rightarrow \quad r^* - r = log\left(\frac{e^a}{e}\right) \approx \frac{e^a - e}{e} = \dot{e}^a$$

$$\Rightarrow \quad r^* - r \approx \dot{e}^a \qquad (3.18)$$

La relation (3.18) indique que les deux opérations sont équivalentes pour l'investisseur non-résident, si le taux d'intérêt domestique est égal au taux d'intérêt étranger corrigé de la variation anticipée du taux de change. Elle définit la condition de la parité non couverte des taux d'intérêt. En parité couverte, le taux de change à terme courant (pour une échéance équivalente) est substitué au taux de change comptant futur anticipé (e^a). Cela revient dans ce dernier cas à considérer que l'investisseur non-résident est adverse au risque, et qu'il se couvre en conséquence en garantissant la contre-valeur en devises de ses revenus futurs. L'hypothèse retenue ici est que l'investisseur non-résident n'éprouve pas d'aversion au risque, et ne ressent donc pas la nécessité de se couvrir contre le risque de change qu'il court. En d'autres termes, l'investisseur ne cherche pas à garantir la contre-valeur en devises de ses revenus futurs en monnaie domestique. Le défaut de couverture contre le risque de change peut être motivé par une espérance de gains fondée sur l'anticipation d'une évolution favorable du taux de change.

Si l'investisseur étranger anticipe, par exemple, une dépréciation de la monnaie domestique de 1 % ($\dot{e}^a = -1\%$), avec un taux de rendement des titres étrangers de $r^* = 4\%$, le taux d'intérêt domestique doit être de $r = 5\%$ pour qu'il soit indifférent aux deux possibilités d'investissement.

En changes fixes la relation (3.18) se réduit à l'égalité des niveaux de taux d'intérêt ($r^* = r$) lorsque les investisseurs n'anticipent pas de variations du taux de change officiel ($\dot{e}^a = 0$).

L'ajustement de la balance globale des paiements

Les déséquilibres des balances courantes et des flux financiers engendrent des mouvements de capitaux qui induisent soit une variation des réserves de change de la banque centrale en changes fixes, soit une variation du taux de change en changes flexibles.

Supposons une contraction exogène de la masse monétaire qui accroît le niveau du taux d'intérêt domestique ($r > r^*$), toute chose étant égale par ailleurs. Dans cette nouvelle configuration de taux d'intérêt, il y a afflux de capitaux dans l'économie domestique, sous hypothèse de substituabilité parfaite entre les titres domestiques et étrangers, et en l'absence d'entraves à la mobilité des capitaux.

En régime de changes flexibles, l'ajustement de la balance globale de paiement se fait par une appréciation du taux de change. L'afflux des capitaux apprécie en effet spontanément la monnaie domestique. Mais logiquement, les investisseurs non-résidents anticipent la dépréciation de la monnaie domestique, dans la mesure où la condition de la parité des taux d'intérêt ($r^* = r + \dot{e}^a$) doit être préservée. Dans ce cas de figure, l'anticipation de la dépréciation de la monnaie domestique n'est compatible avec son appréciation observée, que si, suite à cette contraction de la masse monétaire, on admet un surajustement immédiat du taux de change par rapport à la valeur anticipée. Autrement dit, pour envisager une dépréciation future de la monnaie domestique vers un niveau supérieur à sa valeur avant la contraction exogène de la masse monétaire, l'appréciation immédiate de la monnaie domestique doit être supérieure à son appréciation définitive (Dornbusch (1976)). Ce surajustement de court terme du taux de change explique, selon Dornbusch, la volatilité instantanée du taux de change (et donc l'accroissement du risque de change) en changes flexibles en cas de chocs monétaires exogènes.

En régime de changes fixes (avec anticipations statiques du taux de change), l'ajustement de la balance globale des paiements se fait par un gonflement des réserves officielles de change. En effet, face à l'afflux des capitaux provoqué par la rupture de la parité des taux d'intérêt, la banque centrale, qui doit préserver la parité officielle du taux de change, intervient sur le marché des changes pour racheter les devises offertes au taux de change officiel, et répondre ainsi à la demande des non-résidents en monnaie domestique. Ce faisant, ses réserves de change gonflent tout comme la masse monétaire en l'absence de politique de *stérilisation.* Il s'ensuit une baisse du taux d'intérêt domestique jusqu'au rétablissement de la parité des taux d'intérêt.

Les ajustements ainsi décrits sur le marché des changes, selon le régime de change en vigueur, sont pris en compte par la relation (1.4), qui représente le solde de la balance globale des -paiements:

$$x - \frac{z}{q} - \pi_u + b_u^d = \Delta R_a$$

Lorsque la banque centrale intervient sur le marché des changes ($\Delta R_a \neq 0$), ce qui caractérise ici son comportement en changes fixes, la relation précédente se réécrit comme suit :

$$x - \frac{z}{q} - \pi_u + f(r - r^* + \dot{e}^a) = \Delta R_a \tag{3.19}$$

Où $b_u^d = f(r - r^* + \dot{e}^a)$ décrit les flux de capitaux non monétaires, et $\Delta R_a = \Delta R_u$ représente le flux des réserves de change de la banque centrale.

Lorsque la banque centrale n'intervient pas sur le marché des changes ($\Delta R_a = 0$), ce qui caractérise ici son comportement en changes flexibles, la relation (3.19) se réécrit comme suit :

$$x - \frac{z}{q} - \pi_u + f(r - r^* + \dot{e}^a) = 0 \tag{3.20}$$

Dans ce dernier cas de figure, le solde des flux financiers non monétaires compense le solde courant à l'équilibre. Un excédent courant est alors synonyme d'augmentation des créances (ou réduction d'engagements) sur les non-résidents du montant de l'excédent ; et un déficit courant est synonyme d'augmentation de l'endettement extérieur (ou réduction de créances extérieures) du montant du déficit. Dans le premier cas, la monnaie domestique s'apprécie pour rétablir l'équilibre de la balance globale des paiements. Dans le second cas, elle se déprécie. Les variations du taux de change assurent ici l'ajustement du marché des changes.

En changes fixes, pour préserver la parité officielle du taux de change, la banque centrale est nécessairement amenée à intervenir, et c'est la relation (3.19) qui décrit l'ajustement de la balance globale des paiements. Un excédent de la balance globale alimente les avoirs en réserve pour le rétablissement de l'équilibre. Un déficit réduit les réserves de change. Les variations des réserves de changes assurent dans ce cas l'ajustement du marché des changes.

CHAPITRE IV

LE MODÈLE KEYNÉSIEN EN CHANGES FLEXIBLES

Dans un système de changes flexibles, la parité de la monnaie domestique varie librement pour assurer l'équilibre sur le marché des changes ou l'équilibre de la balance globale des paiements. Une demande excédentaire sur le marché des changes, ou un excédent de la balance globale des paiements, apprécie la monnaie domestique. Inversement, une offre excédentaire sur le marché des changes, ou un déficit de la balance globale des paiements, déprécie la monnaie domestique. On suppose dans ces cas de figure que les autorités monétaires n'interviennent pas sur le marché des changes pour influencer la formation du taux de change d'équilibre.

La relation (3.20) du chapitre précédent détermine le taux de change qui est ici endogène :

$$x - \frac{z}{q} - \pi_u + f(r - r^* + \dot{e}^u) = 0$$

Cette équation permet de définir une relation implicite entre le produit global (y) et le taux d'intérêt (r) que nous désignons par la relation (XZ).

Le revenu, le taux d'intérêt et le taux de change d'équilibre

L'équilibre macroéconomique est réalisé dans notre modèle lorsque les marchés de la monnaie, du bien, et des changes sont en équilibre. Autrement dit, l'équilibre macroéconomique est atteint lorsque les équilibres interne et externe sont réalisés. Cela aboutit à la recherche de la solution du système d'équations qui suit, dans une configuration d'anticipations statiques de change ($\dot{e}^a = 0$) :

$$\begin{cases} c(y,r) + i(y,r) + g + x(q) = y + \dfrac{1}{q}z(y,q) & (4.1) \\ l(y,r) = \Delta\bar{m} & (4.2) \\ x(q) - \dfrac{1}{q}z(y,q) + f(r - r^*) = 0 & (4.3) \end{cases}$$

On néglige le solde des revenus des facteurs ($\pi_u = 0$) dans l'analyse de court terme. Le système ci-dessus permet de déterminer le revenu (y^e), le taux d'intérêt (r^e), et le taux de change (q^e) d'équilibre macroéconomique en changes flexibles.

Le modèle IS-LM-XZ

Les équations (4.1), (4.2) et (4.3), définissent trois relations implicites entre (y) et (r) qu'on nomme respectivement relation (IS), (LM) et (XZ). Le système différentiel associé est le suivant :

$$\begin{cases} \varphi^{-1}dy - (c_r' + i_r')dr - \dfrac{x}{q}\phi dq = d\bar{g} + 0d\bar{m} & (4.4) \\ l_y'dy + l_r'dr + 0dq = 0d\bar{g} + d\bar{m} & (4.5) \\ \dfrac{z_y'}{q}dy - f_r'dr - \dfrac{x}{q}\phi dq = 0d\bar{g} + 0d\bar{m} & (4.6) \end{cases}$$

$$\phi = \varepsilon_q^x - \varepsilon_q^z + 1 < 0 \quad (sousMLR) \qquad \varphi = \frac{1}{1+\frac{z_y'}{q}-c_y'-i_y'} > 0$$

Le paramètre (φ) est le multiplicateur des dépenses publiques associé au revenu d'équilibre partiel IS. Il est ici plus faible qu'en économie fermée en raison des fuites à l'extérieur ($z_y^{'} > 0$) qui s'expliquent, en économie ouverte, par la satisfaction partielle de la demande globale par des produits importés.

La pente de la courbe IS ($\frac{dr}{dy} = \frac{1}{(c_r^{'}+i_r^{'})\varphi} < 0$) est donc, en valeur absolue, plus forte en économie ouverte. Ainsi l'impact d'une baisse du taux d'intérêt est moins important qu'en économie fermée ($y_1 < y_2$).

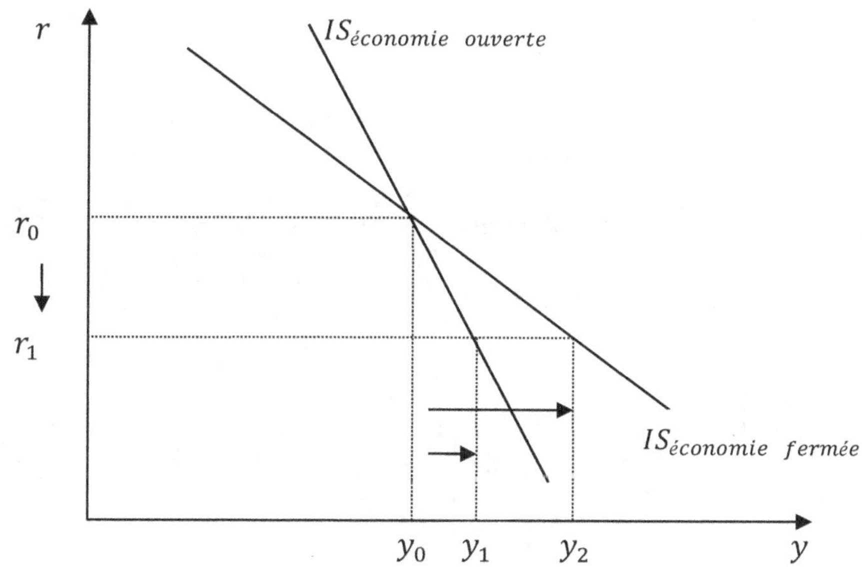

Graphique 4.1

La relation XZ est croissante. Sa pente ($\frac{dr}{dy} = \frac{z_y^{'}}{q}\frac{1}{f_r^{'}} > 0$) dépend du degré de mobilité des capitaux ($f_r^{'}$). Cette pente est nulle lorsque la mobilité des capitaux est parfaite ($f_r^{'} \to \infty$), positive lorsque la mobilité des capitaux est imparfaite ($f_r^{'} > 0$), et infinie lorsque les flux de capitaux spéculatifs sont inexistants ($f_r^{'} = 0$).

Mobilité parfaite des capitaux $(f_r^{'} \rightarrow \infty)$

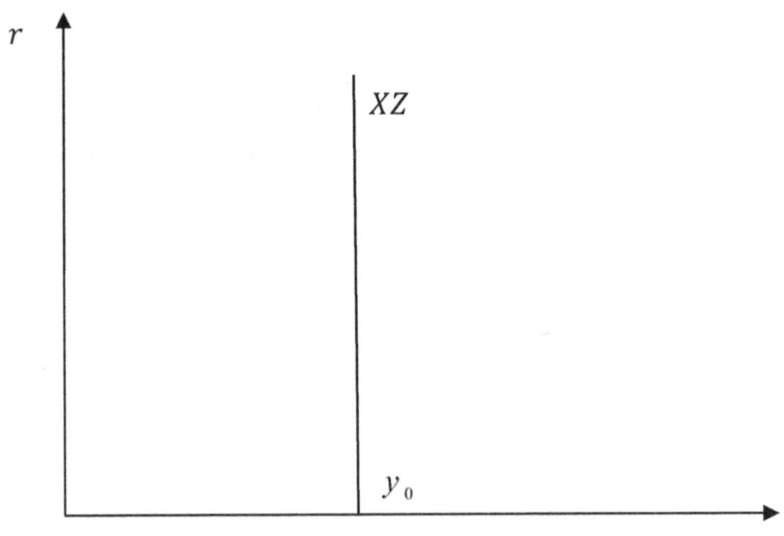

Mobilité nulle des capitaux $(f_r^{'} \rightarrow 0)$

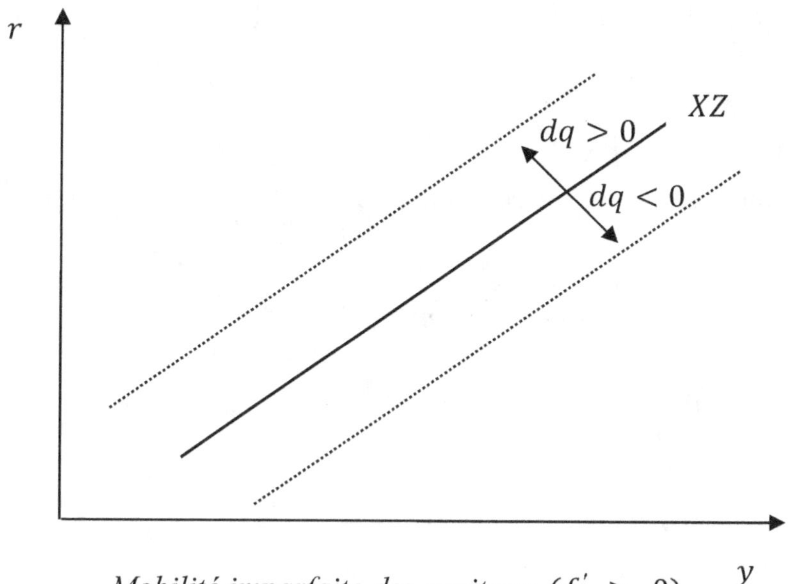

Mobilité imparfaite des capitaux $(f_r' > 0)$

Graphiques 4.2

La résolution du modèle et les multiplicateurs

Le système constitué des équations (4.4), (4.5) et (4.6) s'écrit ainsi sous forme matricielle :

$$\begin{pmatrix} \varphi^{-1} & -(c_r' + i_r') & -\frac{x}{q}\phi \\ l_y' & l_r' & 0 \\ \frac{z_y'}{q} & -f_r' & -\frac{x}{q}\phi \end{pmatrix} \begin{pmatrix} dy^e \\ dr^e \\ dq^e \end{pmatrix} = \begin{pmatrix} 1 & 0 \\ 0 & 1 \\ 0 & 0 \end{pmatrix} \begin{pmatrix} d\bar{g} \\ d\bar{m} \end{pmatrix} \qquad (4.7)$$

$$\phi = \varepsilon_q^x - \varepsilon_q^z + 1 < 0 \quad (sous\ MLR) \qquad \varphi = \frac{1}{1 + \frac{z_y'}{q} - c_y' - i_y'} > 0$$

$$\Rightarrow \quad \begin{pmatrix} dy^e \\ dr^e \\ dq^e \end{pmatrix} = \eta \begin{pmatrix} 1 & \dfrac{c'_r + i'_r - f'_r}{l'_r} \\ -\dfrac{l'_y}{l'_r} & \dfrac{1 - c'_y - i'_y}{l'_r} \\ \Omega_1 & \Omega_2 \end{pmatrix} \begin{pmatrix} d\bar{g} \\ d\bar{m} \end{pmatrix} \tag{4.8}$$

Les solutions du système sont ainsi :

$$\begin{cases} dy^e = \eta d\bar{g} + \dfrac{c'_r + i'_r - f'_r}{l'_r} \eta d\bar{m} & (4.9) \\ \\ dr^e = -\dfrac{l'_y}{l'_r} \eta d\bar{g} + \dfrac{1 - c'_y - i'_y}{l'_r} \eta d\bar{m} & (4.10) \\ \\ dq^e = \Omega_1 \eta d\bar{g} + \Omega_2 \eta d\bar{m} & (4.11) \end{cases}$$

$$\eta = \frac{1}{1 - c'_y - i'_y + (c'_r + i'_r - f'_r)\frac{l'_y}{l'_r}} > 0$$

$$\Omega_1 = \frac{q}{x}\frac{1}{\phi}\left[f'_r \frac{l'_y}{l'_r} + \frac{z'_y}{q}\right] <> 0$$

$$\Omega_2 = -\frac{q}{x}\frac{1}{\phi}\left[\varphi^{-1}\frac{f'_r}{l'_r} - \frac{c'_r + i'_r}{l'_r}\frac{z'_y}{q}\right] < 0$$

Analyse des politiques économiques

On envisage des mesures de politiques budgétaires et monétaires expansives, et on analyse leurs effets sur les variables de bouclage du modèle, en fonction des hypothèses faites sur le degré de mobilité des capitaux. L'objectif final des politiques économiques, envisagées tout au long de ces simulations, est de résorber le chômage par l'accroissement du revenu global. Ces simulations de politiques économiques débouchent sur les conclusions établies par Fleming (1962) et Mundell (1968). Il en sera de même en changes fixes.

Politique budgétaire

On suppose un surcroît de dépenses publiques financées par emprunt (politique de déséquilibre budgétaire).

Mobilité parfaite des capitaux ($f_r^{'} \rightarrow \infty$)

$$\frac{dy^e}{d\bar{g}} = 0$$

$$\frac{dr^e}{d\bar{g}} = 0$$

$$\frac{dq^e}{d\bar{g}} = -\frac{q}{x}\frac{1}{\phi} > 0$$

Dans cette configuration de mobilité des capitaux, la condition de la parité non couverte des taux d'intérêt (PTI) est nécessairement satisfaite ($r = r^*$). Une politique budgétaire expansive rompt cette parité et entraîne une entrée massive de capitaux qui apprécie fortement la monnaie, créant ainsi, à travers la dégradation de la compétitivité de l'économie domestique, les conditions de l'inefficacité de cette politique.

En effet, la politique de déséquilibre budgétaire stimule habituellement le revenu et le taux d'intérêt dans le modèle keynésien (Cf. Chapitre 2). Dans la même situation en économie ouverte, la hausse du taux d'intérêt provoque une entrée de capitaux (excédent de la balance des flux financiers) d'autant plus massive que la mobilité des capitaux est grande. Parallèlement, l'accroissement de la demande globale suscite un surcroît d'importations, et donc une sortie de capitaux (déficit de la balance courante).

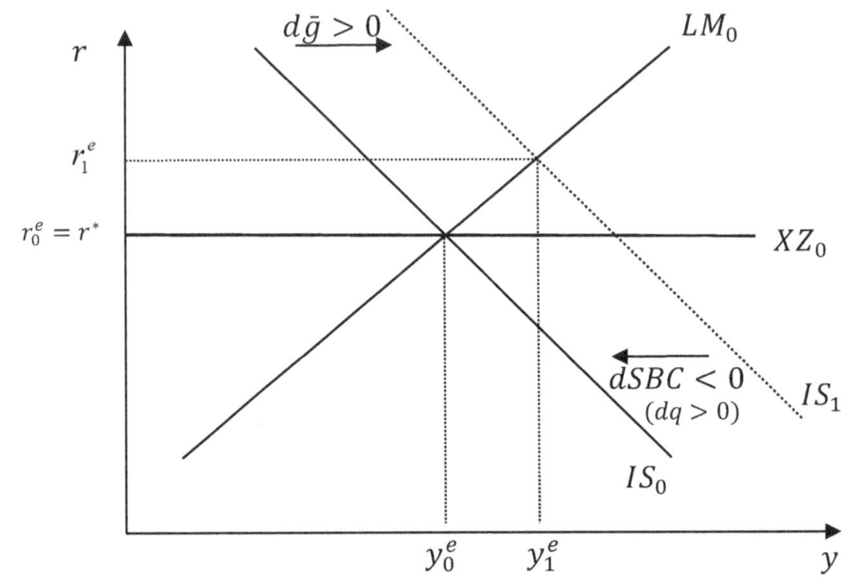

Graphique 4.3

Lorsque les capitaux sont parfaitement mobiles, leur entrée induite par l'évolution du taux d'intérêt est massive, et domine leur sortie liée à l'accroissement du revenu. La balance globale des paiements est donc excédentaire. En changes flexibles, le taux de change s'apprécie fortement dans ce cas de figure, et détériore le solde de la balance commerciale si la condition MLR est satisfaite. Il s'ensuit une réduction du revenu et du taux d'intérêt d'équilibre jusqu'au rétablissement de la parité des taux.

Ainsi dans la configuration de mobilité parfaite des capitaux, la politique budgétaire expansive est inefficace pour accroître le revenu d'équilibre macroéconomique.

Mobilité imparfaite des capitaux ($f_r^{'} > 0$)

$$\frac{dy^e}{d\bar{g}} = \eta > 0$$

$$\frac{dr^e}{d\bar{g}} = -\frac{l'_y}{l'_r}\eta > 0$$

$$\frac{dq^e}{d\bar{g}} = \frac{q}{x}\frac{1}{\phi}\left[f'_r\frac{l'_y}{l'_r} + \frac{z'_y}{q}\right]\eta <> 0$$

Dans cette configuration de mobilité des capitaux, la politique budgétaire est efficace. Son impact sur le revenu d'équilibre est cependant affaibli en raison du renforcement de l'effet d'éviction (courbe *IS* plus pentue en économie ouverte).

L'évolution du taux de change est indéterminée dans ce cas de figure. La hausse du revenu génère un déficit courant, une sortie de capitaux, et une dépréciation de la monnaie domestique. Parallèlement, la hausse du taux d'intérêt rompt la parité des taux, induit une entrée de capitaux (excédent de la balance des flux financiers), et une appréciation de la monnaie. L'effet définitif (entrée ou sortie nette des capitaux) dépend du degré de mobilité des capitaux. On a en effet sous la condition $\phi < 0$:

$$\frac{dq^e}{d\bar{g}} > 0 \quad \Rightarrow \quad -\frac{l'_y}{l'_r} > \frac{z'_y}{q}\frac{1}{f'_r}$$

Et,

$$\frac{dq^e}{d\bar{g}} < 0 \quad \Rightarrow \quad -\frac{l'_y}{l'_r} < \frac{z'_y}{q}\frac{1}{f'_r}$$

Autrement dit, il y a appréciation (entrée nette de capitaux ou excédent de la balance globale des paiements) si la pente de la courbe LM $(-\frac{l'_y}{l'_r})$ est supérieure à celle de la courbe XZ $(\frac{z'_y}{q}\frac{1}{f'_r})$; et dépréciation (sortie nette de capitaux ou déficit de la balance globale des paiements) dans le cas inverse. Or, la pente de la courbe XZ dépend du degré de la mobilité des capitaux (f'_r). Cette pente est faible si la mobilité des capitaux est forte ; et forte si la mobilité des capitaux est faible. La probabilité d'une appréciation de la monnaie domestique est donc élevée, si la mobilité des capitaux est forte (excédent de la balance globale des paiements). De même, la probabilité d'une dépréciation de la monnaie domestique est élevée, si la mobilité des capitaux est faible (déficit de la balance globale des paiements).

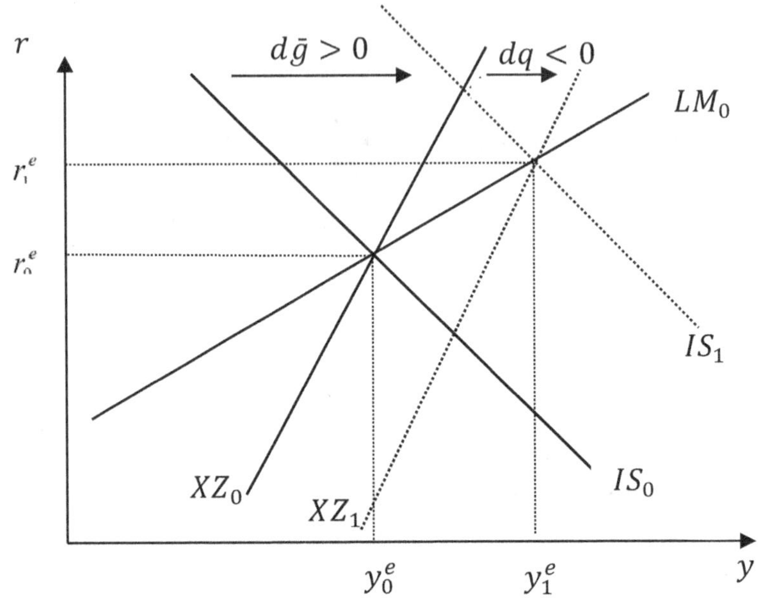

Faible mobilité des capitaux

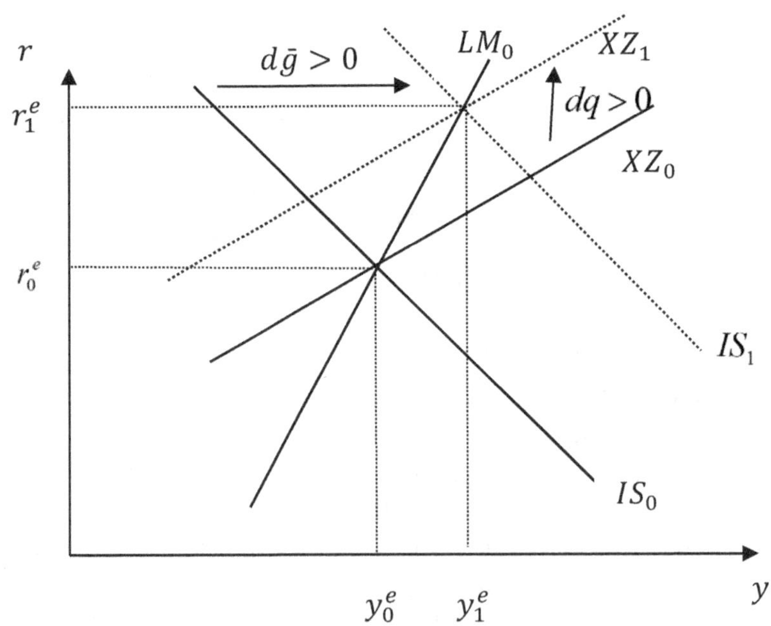

Forte mobilité des capitaux

Graphiques 4.4

Mobilité nulle des capitaux ($f_r' = 0$)

En l'absence de flux de capitaux spéculatifs, les ajustements sur le marché des changes reflètent les ajustements du solde courant. En d'autres termes, les variations du taux de change corrigent les déséquilibres courants. Un excédent courant est, dans ce cas de figure, corrigé par une appréciation de la monnaie domestique (perte de compétitivité de l'économie domestique) en raison de la demande excédentaire de monnaie domestique qu'il suscite. Inversement, un déficit courant est corrigé par une dépréciation de la monnaie domestique (gain de compétitivité de l'économie domestique) en raison de l'offre excédentaire de monnaie domestique qui y est associée. Le marché des changes s'interpose donc entre l'économie domestique et le reste du monde. C'est la propriété de « l'isolement » de l'économie domestique en changes flexibles en l'absence de mobilité des capitaux. Le taux de change absorbe les chocs externes exogènes, et isole ainsi l'économie. Les multiplicateurs du modèle sont ceux que l'on obtient en économie fermée.

Une politique de déséquilibre budgétaire est efficace pour stimuler le revenu d'équilibre. Elle s'accompagne d'une dépréciation de la monnaie domestique en raison du déficit courant engendré par cette politique budgétaire expansive.

$$\frac{dy^e}{d\bar{g}} - \frac{1}{1 - c_y' - i_y' + (c_r' + i_r')\frac{l_y'}{l_r'}} = \eta_{IS-LM} > 0$$

$$\frac{dr^e}{d\bar{g}} = -\frac{l_y'}{l_r'}\eta_{IS-LM} > 0$$

$$\frac{dq^e}{d\bar{g}} = \frac{1}{\phi}\frac{z_y'}{x}\eta_{IS-LM} < 0$$

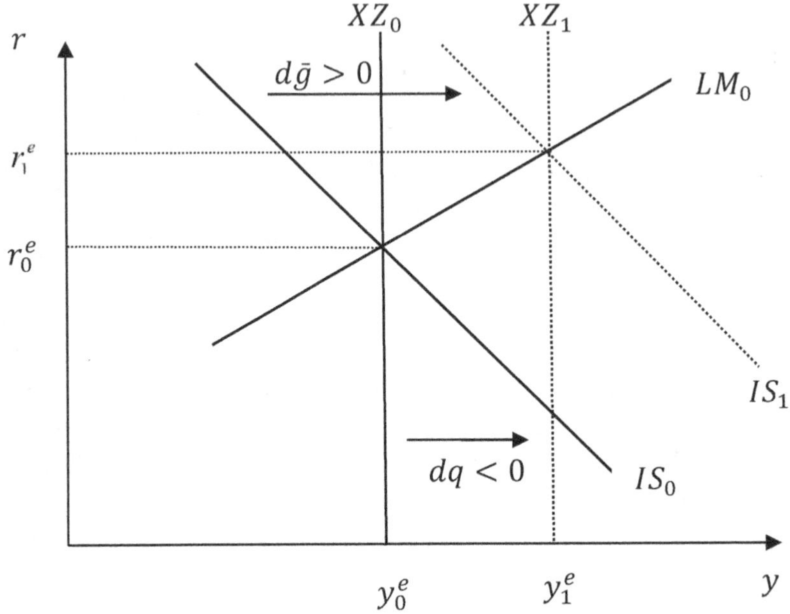

Graphique 4.5

Politique monétaire

On considère une politique d'achat de titres par la banque centrale (politique d'*open market*).

Mobilité parfaite des capitaux ($f_r^{'} \rightarrow \infty$)

$$\frac{dy^e}{d\bar{m}} = \frac{1}{l_y'} > 0$$

$$\frac{dr^e}{d\bar{m}} = 0$$

$$\frac{dq^e}{d\bar{m}} = \frac{q}{x}\frac{1}{\phi}\frac{1 + \frac{z_y'}{q} - c_y' - i_y'}{l_y'} < 0$$

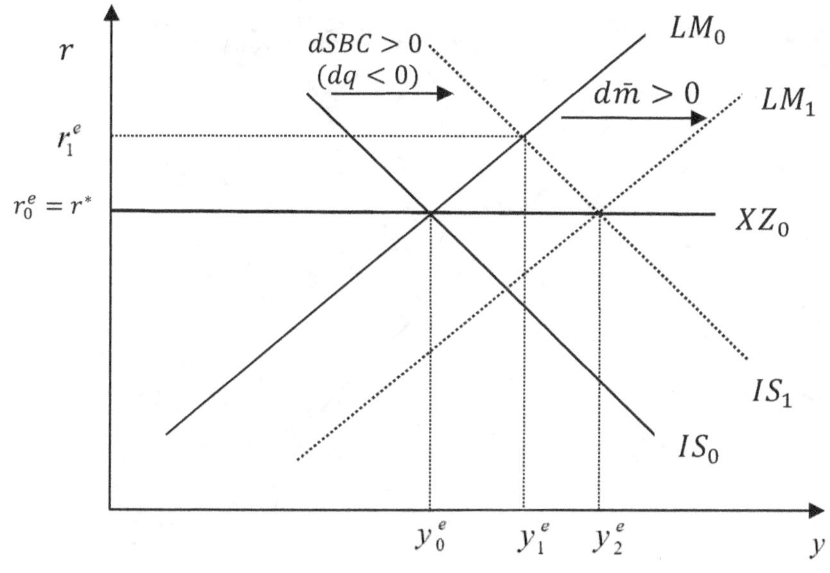

Graphique 4.6

Dans cette configuration de mobilité des capitaux, la politique monétaire suscite une dépréciation forte de la monnaie domestique, en raison de la sortie massive de capitaux qui est associée aux déficits conjugués de la balance courante, et de la balance des flux financiers spéculatifs ($r < r^*$ rupture de la parité des taux aux dépens des titres domestiques). Cette dépréciation, qui est synonyme de gain de compétitivité, renforce l'effet initial de la baisse du taux d'intérêt sur le revenu. La politique monétaire est donc pleinement efficace.

Mobilité imparfaite des capitaux ($f_r^{'} > 0$)

L'efficacité de la politique monétaire se réduit lorsque la mobilité des capitaux est imparfaite ($f_r^{'} > 0$).

$$\frac{dy^e}{d\bar{m}} = \frac{c_r' + i_r' - f_r'}{l_r'}\eta > 0$$

$$\frac{dr^e}{d\bar{m}} = \frac{1 - c_y' - i_y'}{l_r'}\eta < 0$$

$$\frac{dq^e}{d\bar{m}} = \Omega_2\eta < 0$$

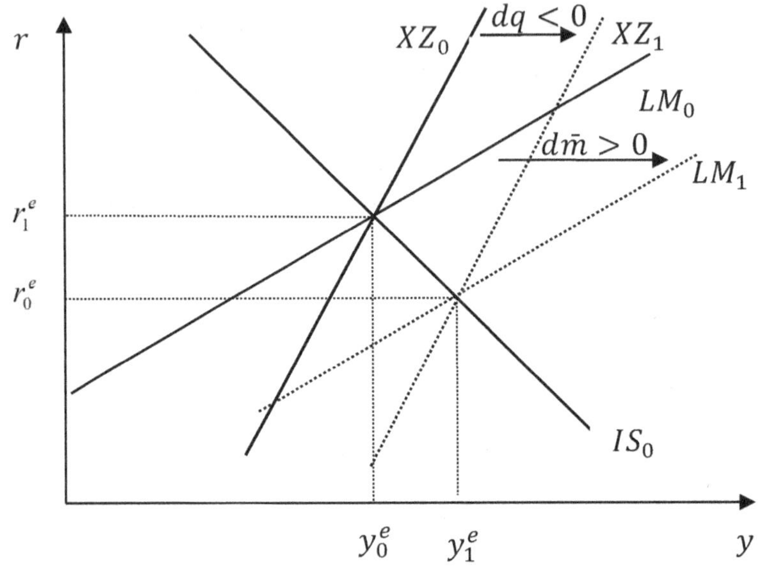

Faible mobilité des capitaux

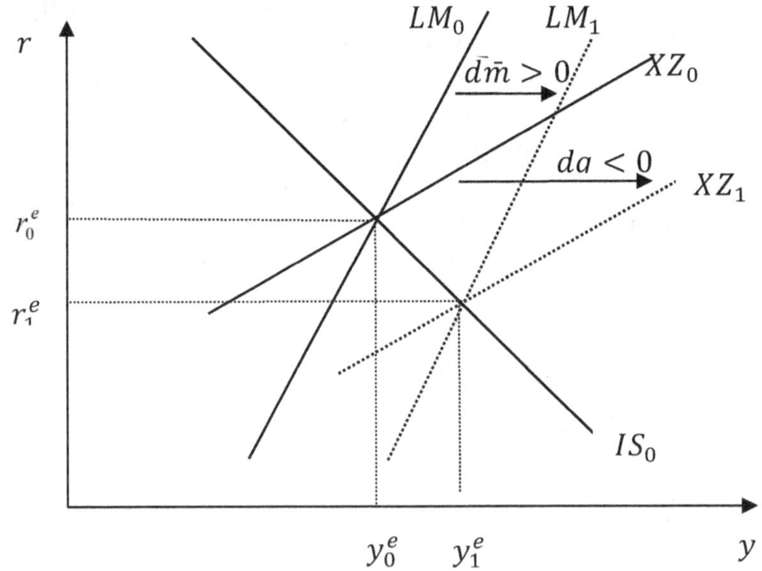

Forte mobilité des capitaux

Graphiques 4.7

La perte relative d'efficacité de la politique monétaire expansive, dans ce cas de figure (mobilité imparfaite des capitaux), s'explique par la baisse de l'effet gain de compétitivité, en raison d'une dépréciation moindre de la monnaie domestique par comparaison au cas de figure où la mobilité des capitaux est parfaite.

Mobilité nulle des capitaux ($f_r' = 0$)

Dans la configuration où la mobilité des capitaux est nulle, la propriété de l'isolement joue également pour la politique monétaire. Les multiplicateurs du revenu et du taux d'intérêt du modèle sont également ceux d'une économie fermée.

$$\frac{dy^e}{d\bar{m}} = \frac{c_r' + i_r'}{l_r'} \eta_{IS-LM} > 0$$

$$\frac{dr^e}{d\bar{m}} = \frac{1 - c_y' - i_y'}{l_r'} \eta_{IS-LM} < 0$$

$$\frac{dq^e}{d\bar{m}} = \frac{1}{\phi}\left[\frac{c_r' + i_r'}{l_r'} \frac{z_y'}{x}\right] \eta_{IS-LM} < 0$$

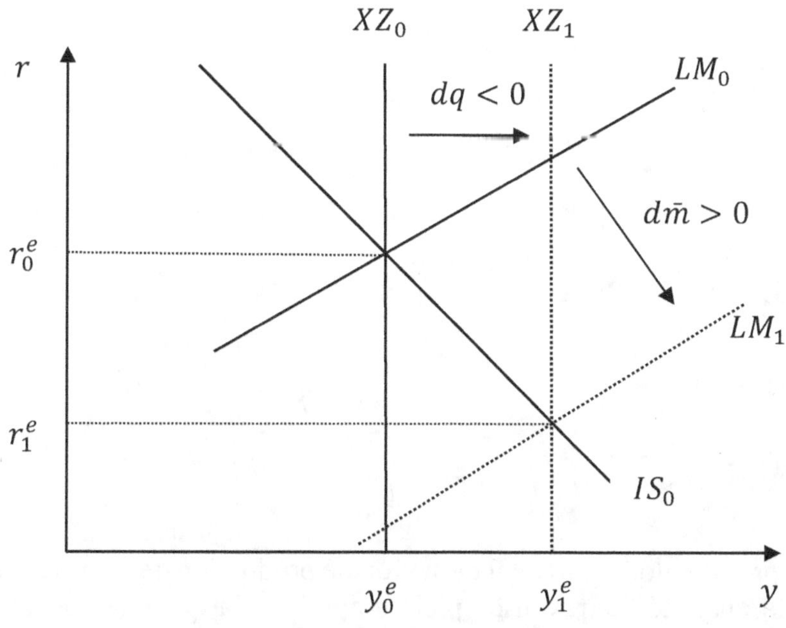

Graphique 4.8

On constate en définitive que la politique monétaire expansive est recommandable en changes flexibles pour stimuler la croissance du revenu macroéconomique. Ses performances dominent celles de la politique budgétaire qui est inefficace en situation de mobilité parfaite des capitaux. Par contre, c'est dans cette configuration de mobilité parfaite des capitaux que la politique monétaire atteint la plénitude de son efficacité.

Exercice corrigé

On considère une économie décrite par les relations suivantes :

$$\begin{cases} c = \alpha(y - t) - \beta r + \gamma \\ i = \lambda y - \delta r \\ t = \theta y \\ z = \omega y q^{\sigma} \\ x = q^{-\upsilon} \\ g = \bar{g} \\ m^d = \mu y - \tau r \\ m^o = \Delta \bar{m} \\ f = \varepsilon(r - r^*) \\ y = g(n) \end{cases}$$

y, est le produit global ; $g(n)$, la fonction de production de court terme ; $\bar{n} > n$, la quantité de travail de plein emploi; n, la quantité de travail demandée ; c, la consommation des ménages; i, l'investissement des entreprises; z, importations en devises ; x, les exportations; q, le taux de change réel au certain ; g, la consommation publique (dépenses publiques) ; m^o, m^d, respectivement l'offre et la demande de monnaie ; t, les impôts; r, r^* les taux d'intérêt domestique et étranger ; f, la fonction qui décrit les flux de capitaux spéculatifs.

Toutes les variables sont exprimées en termes réels, et les caractères grecs sont tous des paramètres $\in]0,1[$ excepté $\gamma,\ \tau,\ \omega > 0,\ \varepsilon \geq 0$. Les termes surmontés d'une barre sont des variables exogènes.

Le système ci-dessous permet de déterminer les valeurs d'équilibre des variables de bouclage du modèle (y^e, r^e, q^e) :

$$\begin{cases} c(y,r) + i(y,r) + g + x(q) = y + \dfrac{z(y,q)}{q} \\ \\ l(y,r) = \Delta\bar{m} \\ \\ x(q) - \dfrac{z(y,q)}{q} + f(r - r^*) = 0 \end{cases}$$

Sous sa forme différentielle (avec $dr^* = 0$ pour simplifier les écritures), et en prenant en compte les formes fonctionnelles des différents comportements macroéconomiques, on obtient le système d'équations ci-dessous :

$$\begin{cases} -(\beta + \delta)\varphi dr - \phi\varphi dq + \varphi d\bar{g} = dy \\ \\ \dfrac{\tau}{\mu} dr + \dfrac{1}{\mu} d\bar{m} = dy \\ \\ \varepsilon \dfrac{q}{z'_y} dr - \phi \dfrac{q}{z'_y} dq = dy \end{cases}$$

$$\varphi = \frac{1}{1 + \frac{z'_y}{q} - \alpha(1-\theta) - \lambda} > 0 \qquad\qquad \phi = (\upsilon + \sigma - 1)\frac{x}{q}$$

Questions

On souhaite analyser les effets des politiques monétaires et budgétaires sur l'équilibre macroéconomique, en fonction de la configuration de la mobilité des capitaux.

1. Montrer que la résolution du système différentiel ci-dessus débouche sur les résultats suivants :

$$\begin{cases} dy^e = \eta d\bar{g} + \dfrac{\beta + \delta + \varepsilon}{\tau}\eta d\bar{m} \\ \\ dr^e = \dfrac{\mu}{\tau}\eta d\bar{g} - \dfrac{1 - \alpha(1-\theta) - \lambda}{\tau}\eta d\bar{m} \\ \\ dq^e = \left[\dfrac{\mu}{\tau}\varepsilon - \dfrac{z'_y}{q}\right]\phi^{-1}\eta d\bar{g} \\ -\left[(1 - \alpha(1-\theta) - \lambda)\varepsilon + \dfrac{z'_y}{q}(\beta + \delta + \varepsilon)\right]\dfrac{\phi^{-1}}{\tau}\eta d\bar{m} \end{cases}$$

$$\eta = \frac{1}{1 - \alpha(1-\theta) - \lambda + (\beta + \delta + \varepsilon)\frac{\mu}{\tau}} > 0$$

2. On suppose $\phi > 0$. À quelle condition théorique renvoie cette hypothèse ?
3. Analyser les effets sur le revenu, le taux d'intérêt, et le taux de change d'équilibre, des politiques budgétaire et monétaire expansives, dans les configurations de mobilité des capitaux suivantes :

(a.) ε	$\rightarrow 0$	Mobilité nulle des capitaux
(b.) ε	$\rightarrow \infty$	Mobilité parfaite des capitaux

Étayer les raisonnements économiques par le calcul des multiplicateurs correspondants, et la représentation du graphique illustratif dans chacun des cas.

4. Analyser l'impact sur le revenu et le taux d'intérêt d'équilibre d'un relèvement du taux étranger ($dr^* > 0$) dans la configuration (b.). Faire une illustration graphique dans ce cas de figure.

Corrigé

1.

Il s'agit de résoudre le système matriciel suivant :

$$\begin{pmatrix} \varphi^{-1} & -(\beta+\delta) & \phi \\ \mu & \tau & 0 \\ \frac{z'_y}{q} & -\varepsilon & \phi \end{pmatrix} \begin{pmatrix} dy^e \\ dr^e \\ dq^e \end{pmatrix} = \begin{pmatrix} 1 & 0 \\ 0 & 1 \\ 0 & 0 \end{pmatrix} \begin{pmatrix} d\bar{g} \\ d\bar{m} \end{pmatrix}$$

$$\Rightarrow \begin{pmatrix} dy^e \\ dr^e \\ dq^e \end{pmatrix} = \eta \begin{pmatrix} 1 & \frac{\beta+\delta+\varepsilon}{\tau} & -1 \\ \frac{\mu}{\tau} & -\frac{1-\alpha(1-\theta)-\lambda}{\tau} & 0 \\ \Omega_1 & \Omega_2 & \Omega_3 \end{pmatrix} \begin{pmatrix} 1 & 0 \\ 0 & 1 \\ 0 & 0 \end{pmatrix} \begin{pmatrix} d\bar{g} \\ d\bar{m} \end{pmatrix}$$

$$\eta = \frac{1}{1-\alpha(1-\theta)-\lambda+(\beta+\delta+\varepsilon)\frac{\mu}{\tau}} > 0$$

$$\Omega_1 = \phi^{-1}\left[\varepsilon\frac{\mu}{\tau} - \frac{z'_y}{q}\right] <> 0$$

$$\Omega_2 = -\left[\varepsilon\varphi^{-1} + \frac{z'_y}{q}(\beta+\delta)\right]\frac{\phi^{-1}}{\tau} < 0$$

$$\Omega_3 = \left[\varphi^{-1} + \frac{\mu}{\tau}(\beta+\delta)\right]\phi^{-1} <> 0$$

$$\Rightarrow \quad \begin{pmatrix} dy^e \\ dr^e \\ dq^e \end{pmatrix} = \eta \begin{pmatrix} 1 & \frac{\beta+\delta+\varepsilon}{\tau} \\ \frac{\mu}{\tau} & -\frac{1-\alpha(1-\theta)-\lambda}{\tau} \\ \Omega_1 & \Omega_2 \end{pmatrix} \begin{pmatrix} d\bar{g} \\ d\bar{m} \end{pmatrix}$$

D'où les résultats obtenus.

2.

$$\phi > 0 \quad \Rightarrow \quad \nu + \sigma > 1 \quad \Leftrightarrow \quad |\varepsilon_q^z| + |\varepsilon_q^x| > 1$$

Cette hypothèse renvoie à la condition MLR qui assure l'amélioration du solde en valeur de la balance commerciale, lorsqu'il y a dépréciation de la monnaie domestique.

3.

	$\varepsilon \to 0$		$\varepsilon \to \infty$	
	$d\bar{g}$	$d\bar{m}$	$d\bar{g}$	$d\bar{m}$
dy^e	$\eta_0 > 0$	$\frac{\beta+\delta}{\tau}\eta_0 > 0$	*0*	$\frac{1}{\mu} > 0$
dr^e	$\frac{\mu}{\tau}\eta_0 > 0$	$-\frac{1-\alpha(1-\theta)-\lambda}{\tau}\eta_0 < 0$	*0*	*0*
dq^e	$-\frac{z'_y}{q}\phi^{-1}\eta_0 < 0$	$-\frac{z'_y}{q}\frac{\beta+\delta}{\tau}\phi^{-1}\eta_0 < 0$	$\phi^{-1} > 0$	$-\frac{1}{\mu}\phi^{-1}\varphi^{-1} < 0$

$$\eta_0 = \frac{1}{1-\alpha(1-\theta)-\lambda+(\beta+\delta)\frac{\mu}{\tau}} > 0$$

Lorsque la mobilité des capitaux est nulle, les multiplicateurs du modèle sont ceux que l'on obtient en économie fermée (illustration de la propriété de l'isolement de l'économie en changes flexibles dans cette configuration de mobilité des capitaux). En mobilité parfaite des capitaux, la politique budgétaire est inefficace, alors que la politique monétaire est pleinement efficace.

4.

En situation de parfaite mobilité des capitaux, la parité des taux d'intérêt est nécessairement satisfaite. Un relèvement du taux d'intérêt étranger rompt la parité au profit des titres étrangers ($r < r^*$). Cela provoque une sortie massive de capitaux, et une dépréciation corrélative de la monnaie domestique (gain de compétitivité de l'économie domestique). Si la condition MLR est vérifiée, le solde de la balance commerciale s'améliore, et le revenu d'équilibre macroéconomique augmente.

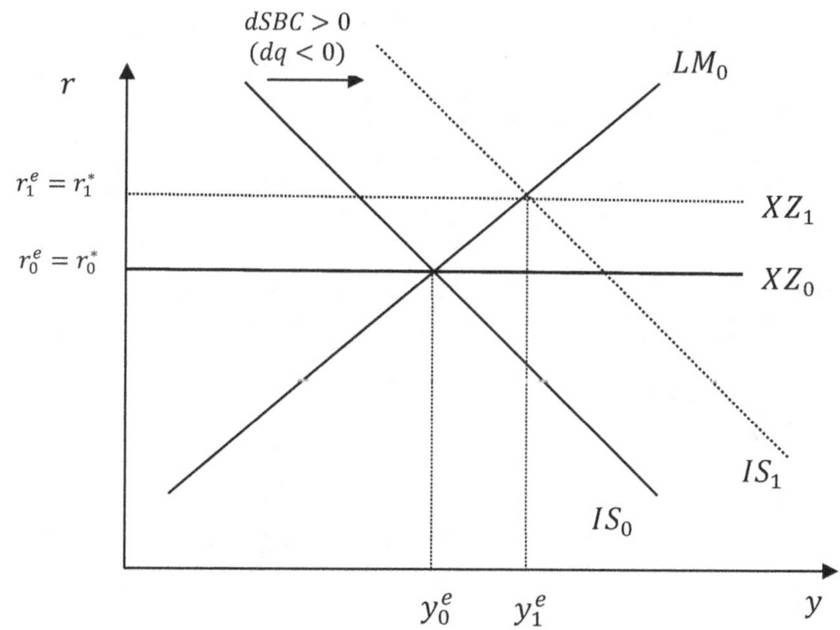

Graphique 4.9

CHAPITRE V

LE MODÈLE KEYNÉSIEN EN CHANGES FIXES

En changes fixes, les variations des avoirs en réserve assurent l'équilibre du marché des changes, ou de manière équivalente, l'ajustement du solde de la balance globale des paiements. L'administration (banque centrale) est effectivement amenée à intervenir sur le marché des changes, pour garantir son équilibre au taux de change officiel ($\bar{q}$). Ces interventions modifient ses avoirs en devises, et la masse monétaire domestique. Il y a ainsi en régime de changes fixes une source externe de création de monnaie. L'équilibre du marché de la monnaie est le suivant dans ce cadre :

$$l(y,r) = \Delta\bar{m} + \Delta R_a$$

L'administration (banque centrale) a théoriquement la possibilité de neutraliser les conséquences monétaires de ses interventions sur le marché des changes. C'est la politique dite de « stérilisation des réserves de change ». Elle consiste à mener en parallèle aux interventions de l'administration (banque centrale) sur le marché des changes, des actions en sens contraire sur le marché monétaire pour stabiliser la masse monétaire.

Un épuisement (gonflement) des réserves, qui aurait pour conséquence une contraction (extension) de la masse monétaire, peut ainsi être stérilisé par un achat (vente) de titres domestiques pour un montant équivalent à celui des réserves perdues (gagnées).

On considère tout au long de ce chapitre que l'administration (banque centrale) ne stérilise pas la variation des réserves de change. On admet par ailleurs que le multiplicateur de la base monétaire est unitaire, ainsi les variations de la base monétaire se transmettent sans amplification sur la masse monétaire. On suppose enfin que les anticipations de change sont statiques ($\dot{e}^a = 0$).

L'équilibre du marché des changes est donné par la relation (3.19) du chapitre précédent :

$$x - \frac{z}{\bar{q}} - \pi_u + f(r - r^*) = \Delta R_a$$

Comme dans le chapitre précédent, cette relation permet de définir une relation implicite entre le produit global (y) et le taux d'intérêt (r) que nous désignons par la relation (XZ).

Pour mieux expliciter les mécanismes d'ajustement sur le marché des changes, l'analyse du modèle est, dans un premier temps, effectuée avant la réalisation définitive de l'équilibre de la balance globale des paiements. Cela s'apparente à l'analyse du modèle en équilibre temporaire, par opposition à l'équilibre stationnaire caractérisé par les équilibres externe et interne.

Le revenu, le taux d'intérêt, et les réserves de change en équilibre temporaire

Le modèle en équilibre temporaire (avant l'ajustement de la balance globale des paiements) est le suivant :

$$\begin{cases} c(y,r) + i(y,r) + g + x(\bar{q}) = y + \dfrac{1}{\bar{q}} z(y,\bar{q}) & (5.1) \\ l(y,r) = \Delta\bar{m} + \Delta R_a & (5.2) \\ x(\bar{q}) - \dfrac{1}{\bar{q}} z(y,\bar{q}) + f(r - r^*) = \Delta R_a & (5.3) \end{cases}$$

On néglige, pour des raisons de simplicité des calculs, le solde des revenus des facteurs ($\pi_u = 0$), de même que les éventuels chocs exogènes .

Le modèle IS-LM-XZ

Le système ci-dessus permet de déterminer le revenu (y^e), le taux d'intérêt (r^e), et la variation des réserves de change de l'administration (banque centrale) (ΔR_a) qui résultent de l'équilibre macroéconomique temporaire en changes fixes. Le système différentiel associé est le suivant :

$$\begin{cases} \varphi^{-1}dy - (c_r' + i_r')dr + 0dR_a = d\bar{g} + 0d\bar{m} + \frac{x}{\bar{q}}\phi d\bar{q} & (5.4) \\ (l_y' + \frac{z_y'}{\bar{q}})dy + (l_r' - f_r')dr + 0dR_a = 0d\bar{g} + d\bar{m} + \frac{x}{\bar{q}}\phi d\bar{q} & (5.5) \\ \frac{z_y'}{\bar{q}}dy - f_r'dr + dR_a = 0d\bar{g} + 0d\bar{m} + \frac{x}{\bar{q}}\phi d\bar{q} & (5.6) \end{cases}$$

$$\phi = \varepsilon_q^x - \varepsilon_q^z + 1 < 0 \quad (sous\ MLR)$$

$$\varphi = \frac{1}{1 + \frac{z_y'}{\bar{q}} - c_y' - i_y'} > 0$$

Les pentes des relations LM $[\frac{-(l_y' + \frac{z_y'}{\bar{q}})}{(l_r' - f_r')}]$ et XZ $[\frac{z_y'}{\bar{q}}\frac{1}{f_r'}]$ sont positives lorsque la mobilité des capitaux est imparfaite. Ces deux pentes sont nulles lorsque la mobilité des capitaux est parfaite (courbes LM et XZ horizontales). En l'absence de flux de capitaux spéculatifs, la courbe XZ est verticale, et la courbe LM est croissante.

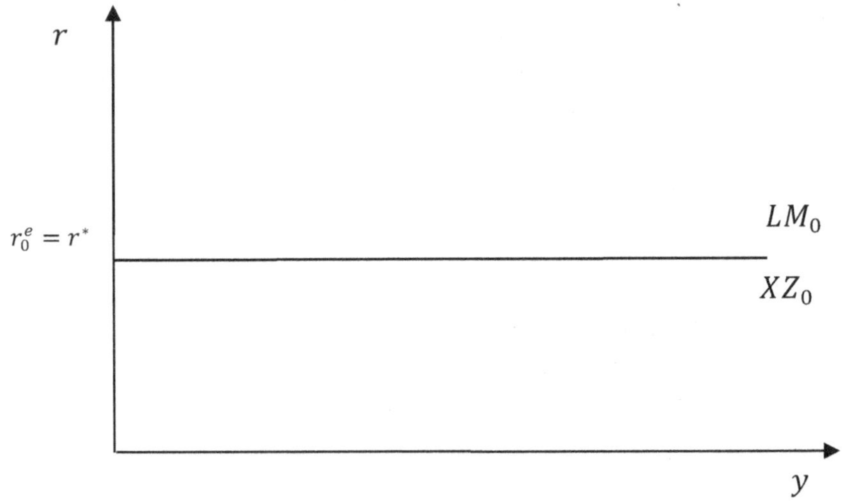

Mobilité parfaite des capitaux ($f_r' \to \infty$)

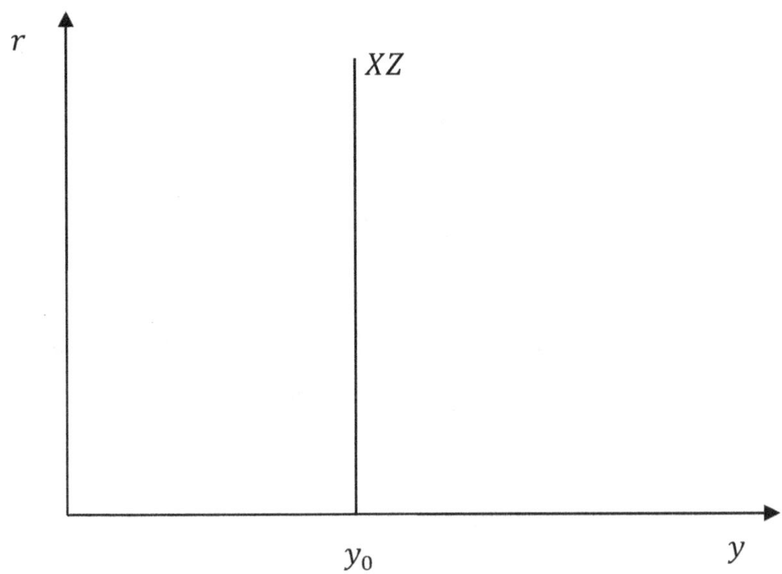

Mobilité nulle des capitaux ($f_r' \to 0$)

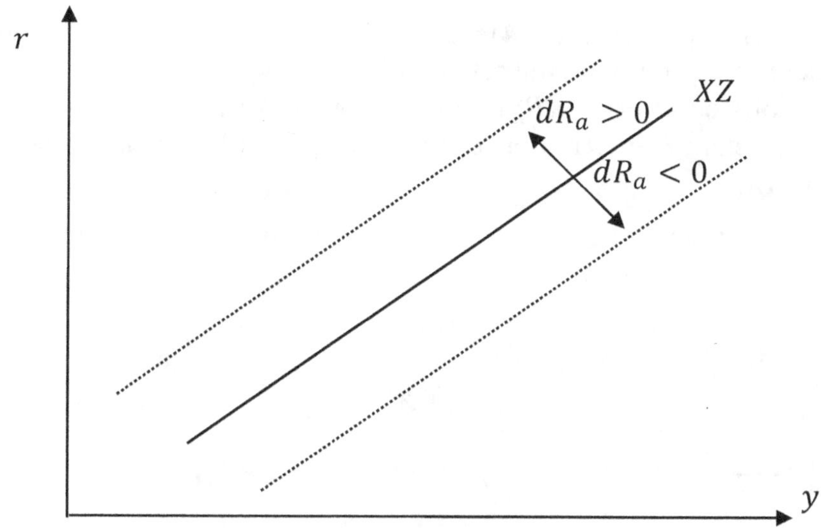

Mobilité imparfaite des capitaux ($f_r' > 0$)

Graphiques 5.1

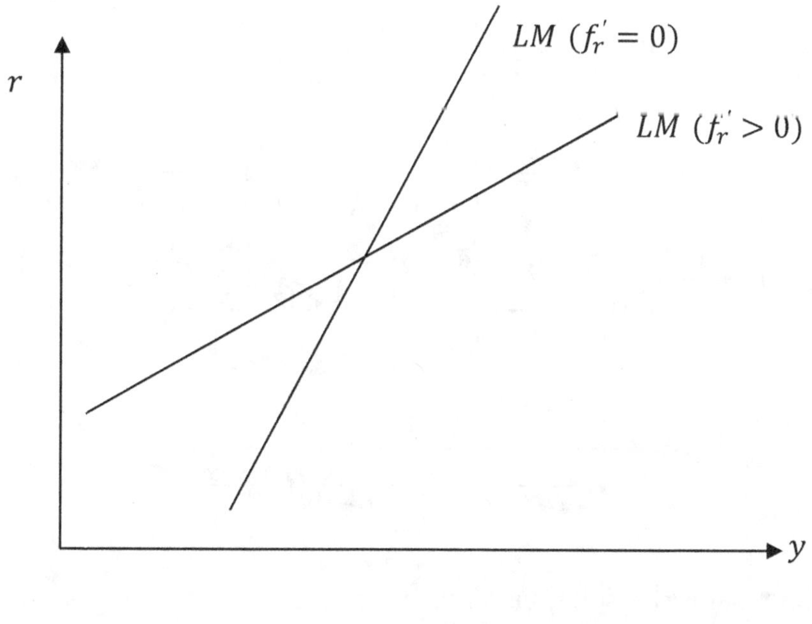

Graphique 5.2

La résolution du modèle et les multiplicateurs

Le système ci-dessus ((5.4), (5.5), (5.6)) est décomposable, dans la mesure où les deux premières équations n'intègrent pas les variations des avoirs en réserve (dR_a^e). Les relations (5.4) et (5.5) permettent en fait de déterminer (dy^e) et (dr^e). La relation (5.6) donne la solution pour (dR_a^e).

La forme matricielle du système, constitué par les équations (5.4) et (5.5), est la suivante :

$$\begin{pmatrix} \varphi^{-1} & -(c_r' + i_r') \\ l_y' + \frac{z_y'}{\bar{q}} & l_r' - f_r' \end{pmatrix} \begin{pmatrix} dy^e \\ dr^e \end{pmatrix} = \begin{pmatrix} 1 & 0 & \frac{x}{\bar{q}}\phi \\ 0 & 1 & \frac{x}{\bar{q}}\phi \end{pmatrix} \begin{pmatrix} d\bar{g} \\ d\bar{m} \\ d\bar{q} \end{pmatrix} \qquad (5.7)$$

$$\begin{pmatrix} dy^e \\ dr^e \end{pmatrix} = \eta \begin{pmatrix} 1 & \frac{c_r' + i_r'}{l_r' - f_r'} & \frac{x}{\bar{q}}(1 + \frac{c_r' + i_r'}{l_r' - f_r'})\phi \\ -\frac{l_y' + \frac{z_y'}{\bar{q}}}{l_r' - f_r'} & \frac{1 + \frac{z_y'}{\bar{q}} - c_y' - i_y'}{l_r' - f_r'} & \frac{x}{\bar{q}}\frac{1 - c_y' - i_y' - l_y'}{l_r' - f_r'}\phi \end{pmatrix} \begin{pmatrix} d\bar{g} \\ d\bar{m} \\ d\bar{q} \end{pmatrix}$$

$$\eta = \frac{1}{1 + \frac{z_y'}{\bar{q}} - c_y' - i_y' + \frac{c_r' + i_r'}{l_r' - f_r'}(l_y' + \frac{z_y'}{\bar{q}})} > 0$$

On obtient ainsi les solutions suivantes :

$$\begin{cases} dy^e = \eta d\bar{g} + \dfrac{c'_r + i'_r}{l'_r - f'_r}\eta d\bar{m} + \dfrac{x}{\bar{q}}(1 + \dfrac{c'_r + i'_r}{l'_r - f'_r})\phi\eta d\bar{q} & (5.8) \\ dr^e = -\dfrac{l'_y + \frac{z'_y}{\bar{q}}}{l'_r - f'_r}\eta d\bar{g} + \dfrac{1 + \frac{z'_y}{\bar{q}} - c'_y - i'_y}{l'_r - f'_r}\eta d\bar{m} \\ \qquad + \dfrac{x}{\bar{q}}\dfrac{1 - c'_y - i'_y - l'_y}{l'_r - f'_r}\phi\eta d\bar{q} & (5.9) \end{cases}$$

$$\Rightarrow \quad \{ \quad dR^e_a = \Phi_1\eta d\bar{g} + \Phi_2\eta d\bar{m} + \Phi_3\eta d\bar{q} \qquad (5.10)$$

$$\Phi_1 = -\left[\frac{z'_y}{\bar{q}} + f'_r\frac{l'_y + \frac{z'_y}{\bar{q}}}{l'_r - f'_r}\right] <> 0$$

$$\Phi_2 = -\left[\frac{z'_y}{\bar{q}}\frac{c'_r + i'_r}{l'_r - f'_r} - f'_r\frac{1 + \frac{z'_y}{\bar{q}} - c'_y - i'_y}{l'_r - f'_r}\right] < 0$$

$$\Phi_3 = \frac{x}{\bar{q}}\frac{(1 - c'_y - i'_y)l'_r + (c'_r + i'_r - f'_r)l'_y}{l'_r - f'_r}\phi < 0$$

Analyse des politiques économiques

Comme en changes flexibles, on envisage des mesures de politiques budgétaires et monétaires expansives, et on analyse leurs effets sur les variables de bouclage du modèle, en fonction des hypothèses faites sur le degré de mobilité des capitaux.

Politique budgétaire

On suppose un surcroît de dépenses publiques financées par emprunt (politique de déséquilibre budgétaire).

Mobilité parfaite des capitaux ($f'_r \to \infty$)

$$\frac{dy^e}{d\bar{g}} = \frac{1}{1 + \frac{z'_y}{\bar{q}} - c'_y - i'_y} = \varphi > \eta$$

$$\frac{dr^e}{d\bar{g}} = 0$$

$$\frac{dR_a^e}{d\bar{g}} = \varphi l_y' > 0$$

Dans cette configuration de mobilité des capitaux, la politique de déséquilibre budgétaire est pleinement efficace. Le gonflement induit des avoirs en réserve, et celui de la masse monétaire permettent de stabiliser le taux d'intérêt, et d'éviter ainsi l'effet d'éviction habituel qui est associé aux politiques budgétaires expansives.

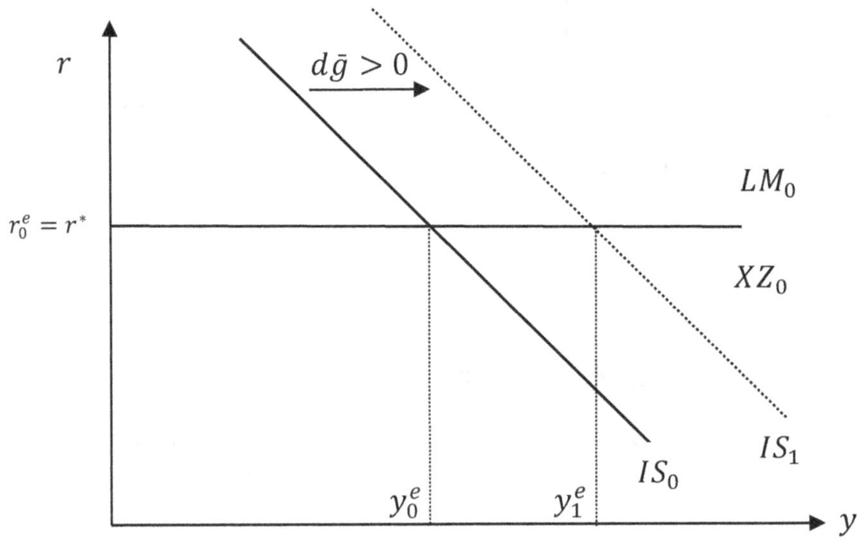

Graphique 5.3

Mobilité imparfaite des capitaux ($f_r' > 0$)

$$\frac{dy^e}{d\bar{g}} = \eta > 0$$

$$\frac{dr^e}{d\bar{g}} = -\frac{l_y' + \frac{z_y'}{q}}{l_r' - f_r'}\eta > 0$$

$$\frac{dR_a^e}{d\bar{g}} = -\left[\frac{z_y'}{\bar{q}} + f_r' \frac{l_y' + \frac{z_y'}{q}}{l_r' - f_r'}\right]\eta <> 0$$

Dans cette configuration de mobilité des capitaux, la politique budgétaire perd en efficacité, en raison de l'effet d'éviction (dégradation de la balance commerciale, sortie de capitaux, et contraction monétaire). L'évolution induite des avoirs en réserve dépend du degré de mobilité des capitaux. Si les capitaux sont peu mobiles ($f_r' \to 0$), la probabilité est grande pour que l'entrée des capitaux, induite par la hausse du taux d'intérêt, soit dominée par la sortie des capitaux, associée à la dégradation du solde commercial. Dans ce cas, il y a réduction nette des réserves, contraction de la masse monétaire, et amplification de l'effet d'éviction du taux d'intérêt. La pente de la courbe XZ $(\frac{z_y'}{\bar{q}}\frac{1}{f_r'})$ est supérieure à la pente de la courbe LM $(-\frac{(l_y'+\frac{z_y'}{\bar{q}})}{(l_r'-f_r')})$, elle-même supérieure à la pente de la courbe LM d'économie fermée $(-l_y'/l_r')$.

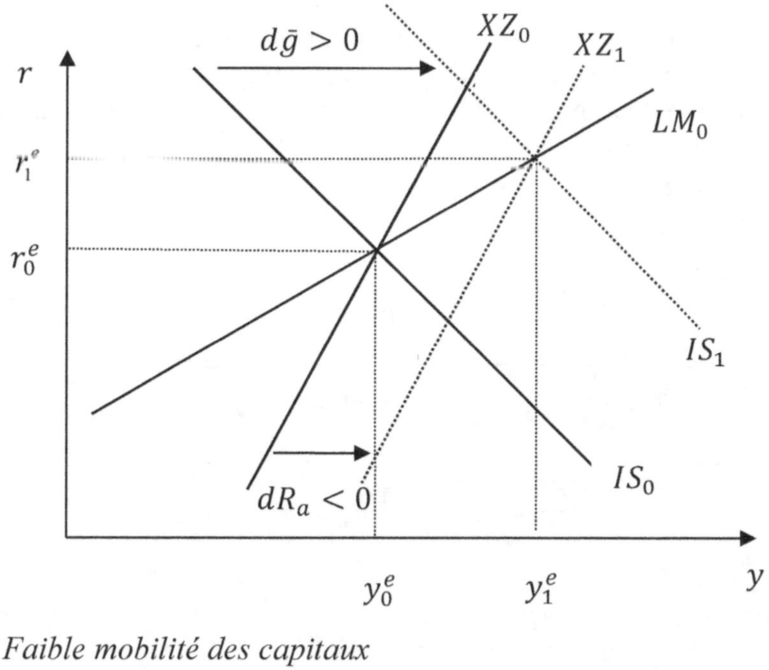

Faible mobilité des capitaux

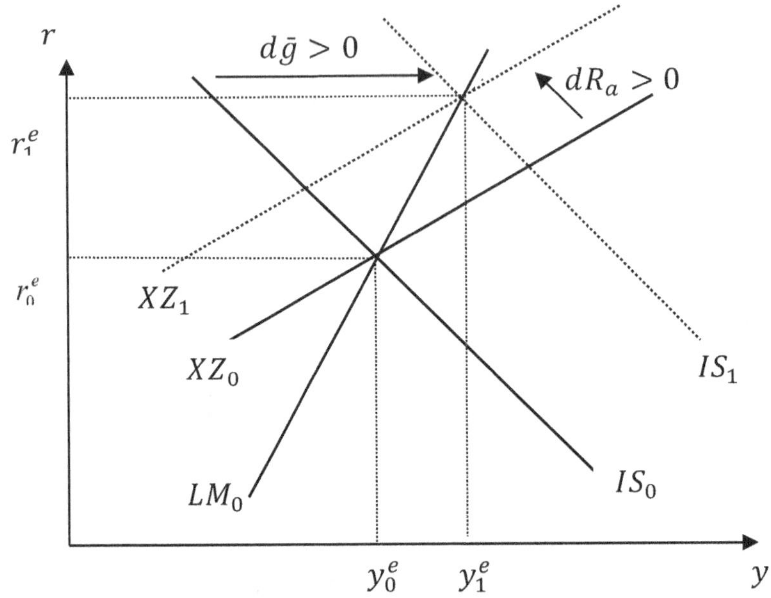

Forte mobilité des capitaux

Graphiques 5.4

Si les capitaux sont fortement mobiles, la probabilité est grande pour qu'il y ait accroissement net des réserves, expansion de la masse monétaire, baisse du taux d'intérêt, et renforcement de l'effet initial sur le revenu. Ici, la pente de la courbe XZ est inférieure à la pente de la courbe LM qui, elle-même, est inférieure à la pente de la courbe LM d'économie fermée $(-l'_y/l'_r)$.

Mobilité nulle des capitaux ($f'_r = 0$)

$$\frac{dy^e}{d\bar{g}} = \frac{1}{1 + \frac{z'_y}{\bar{q}} - c'_y - i'_y + \frac{c'_r + i'_r}{l'_r}\left(l'_y + \frac{z'_y}{\bar{q}}\right)} = \eta_1 > 0$$

$$\frac{dr^e}{d\bar{g}} = -\frac{l'_y + \frac{z'_y}{\bar{q}}}{l'_r}\eta_1 > 0$$

$$\frac{dR_a^e}{d\bar{g}} = -\frac{z'_y}{\bar{q}}\eta_1 < 0$$

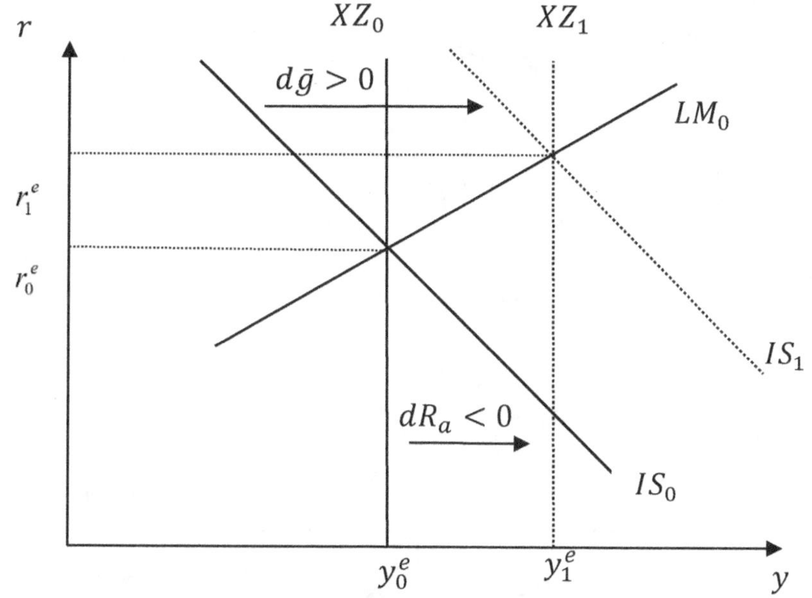

Graphique 5.5

Dans cette configuration de mobilité des capitaux spéculatifs, la politique de déséquilibre budgétaire génère un déficit du solde courant, synonyme de sortie de capitaux, de contraction de la masse monétaire, et de hausse supplémentaire du taux d'intérêt. La politique demeure efficace, mais moins qu'en économie fermée. La pente de la courbe *LM* $(-(l'_y + \frac{z'_y}{\bar{q}})/l'_r)$ est ici supérieure à la pente de la courbe *LM* d'économie fermée $(-l'_y/l'_r)$. L'économie domestique n'est pas à l'abri des chocs externes, comme en changes flexibles dans la même configuration de mobilité des capitaux.

Politique monétaire

On considère également une politique d'achat de titres par la banque centrale (politique d'*open market*).

Mobilité parfaite des capitaux $(f'_r \to \infty)$

$$\frac{dy^e}{d\bar{m}} = 0$$

$$\frac{dr^e}{d\bar{m}} = 0$$

$$\frac{dR_a^e}{d\bar{m}} = -1$$

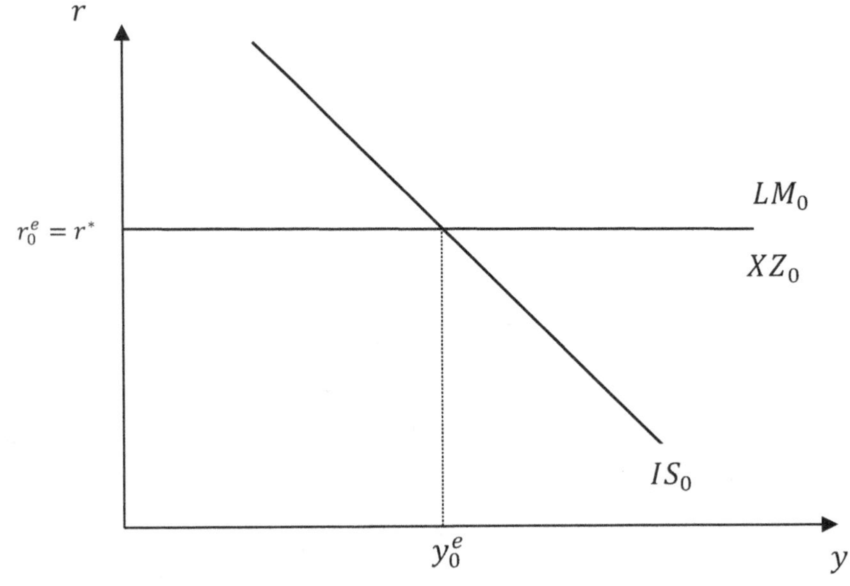

Graphique 5.6

La politique monétaire expansive débouche dans ce cas de figure, sur une perte de réserves du montant de la quantité de monnaie domestique initialement émise. Elle est sans effet sur l'activité. Ceci s'explique par l'impact de la sortie massive de capitaux, liée à la rupture de la parité des taux d'intérêt. Dans cette configuration de mobilité des capitaux, les courbes XZ et LM sont horizontales, et se confondent.

Mobilité imparfaite des capitaux ($f_r' > 0$)

$$\frac{dy^e}{d\bar{m}} = \frac{c_r' + i_r'}{l_r' - f_r'}\eta > 0$$

$$\frac{dr^e}{d\bar{m}} = \frac{1 + \frac{z'_y}{\bar{q}} - c'_y - i'_y}{l'_r - f'_r}\eta < 0$$

$$\frac{dR^e_a}{d\bar{m}} = -\left[\frac{z'_y}{\bar{q}}\frac{c'_r + i'_r}{l'_r - f'_r} - f'_r\frac{1 + \frac{z'_y}{\bar{q}} - c'_y - i'_y}{l'_r - f'_r}\right]\eta < 0$$

La politique monétaire expansive engendre toujours une perte de réserves, quel que soit le degré de mobilité des capitaux. Il y a en effet, indépendamment des pertes de réserves liées aux flux spéculatifs de capitaux, une dégradation du solde courant associée à la croissance du revenu. La baisse du taux d'intérêt domestique induit, en effet, une croissance du revenu, et un surcroît d'importations. Cette dégradation du solde courant entraîne une sortie de capitaux, qui est plus ou moins amplifiée par les fuites de capitaux spéculatifs, liées à la politique monétaire expansive.

La perte systématique des réserves de change compense donc partiellement, l'accroissement initial de la masse monétaire induite par les achats de titres domestiques.

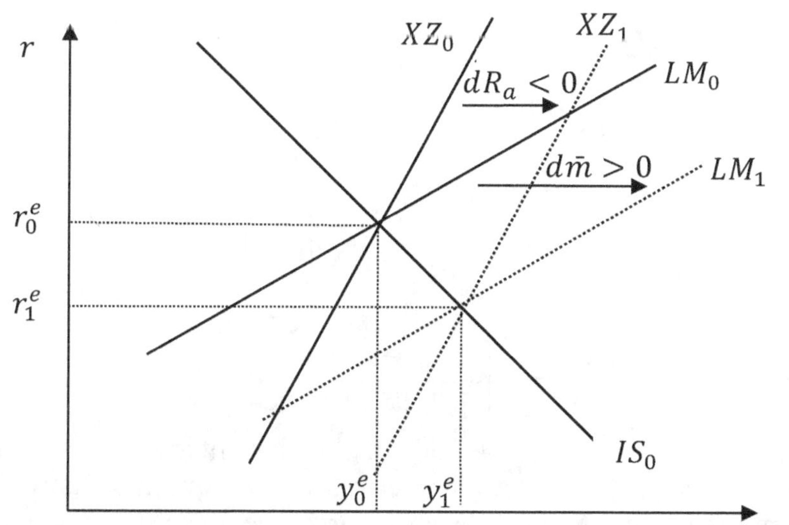

Faible mobilité des capitaux

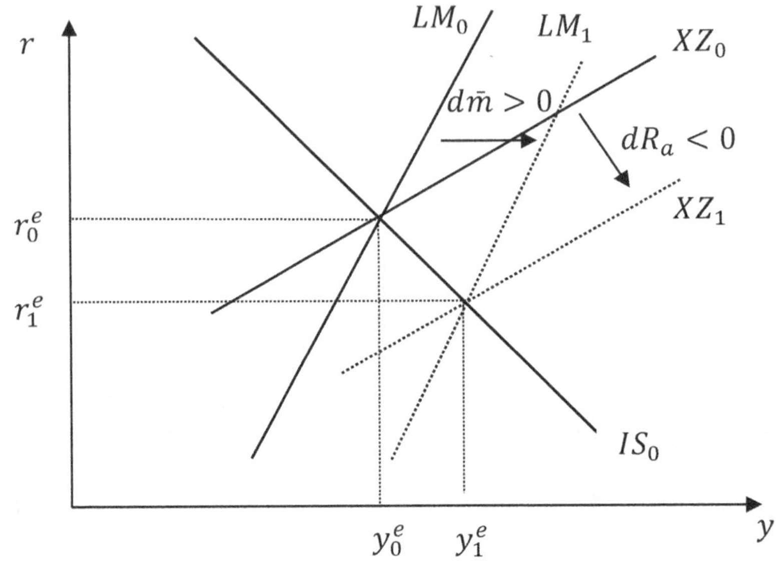

Forte mobilité des capitaux

Graphiques 5.7

Mobilité nulle des capitaux ($f_r^{'} = 0$)

$$\frac{dy^e}{d\bar{m}} = \frac{c_r' + i_r'}{l_r'}\eta_1 > 0$$

$$\frac{dr^e}{d\bar{m}} = \frac{1 + \frac{z_y'}{\bar{q}} - c_y' - i_y'}{l_r'}\eta_1 < 0$$

$$\frac{dR_a^e}{d\bar{m}} = -\left[\frac{z_y'}{\bar{q}}\frac{c_r' + i_r'}{l_r'}\right]\eta_1 < 0$$

Les résultats et les raisonnements sont ici globalement identiques au cas précédent. La perte de réserves, associée à la politique monétaire est cependant moins importante, de telle sorte que l'accroissement du revenu est au maximum.

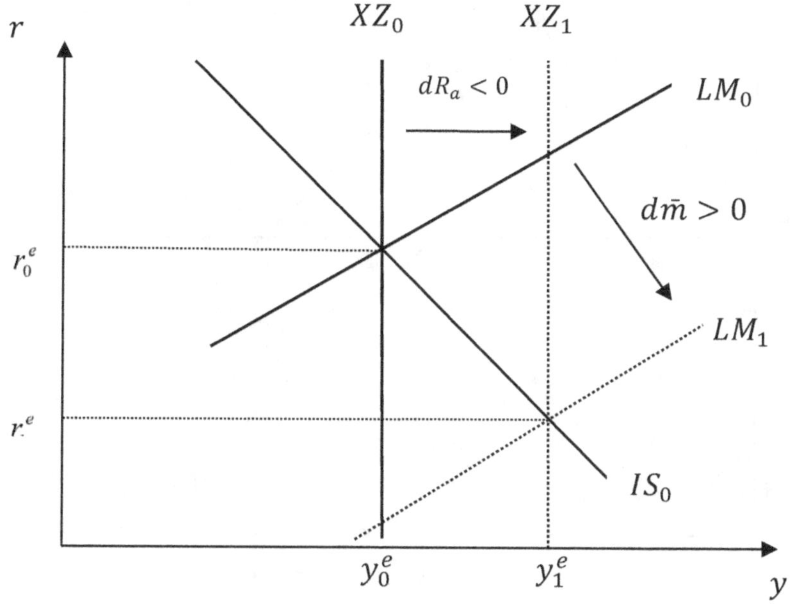

Graphique 5.8

En définitive, la politique budgétaire expansive est recommandable en changes fixes pour stimuler l'activité. Ses performances dominent celles de la politique monétaire, qui devient inefficace en situation de mobilité parfaite des capitaux. Inversement, c'est dans cette dernière configuration de mobilité des capitaux, que la politique budgétaire est pleinement efficace.

Les effets d'une dévaluation

On suppose que la condition MLR est satisfaite ($\phi < 0$).

$$\frac{dy^e}{d\bar{q}} = \frac{x}{\bar{q}}\left(1 + \frac{c_r' + i_r'}{l_r' - f_r'}\right)\phi\eta < 0$$

$$\frac{dr^e}{d\bar{q}} = \frac{x}{\bar{q}}\frac{1 - c_y' - i_y' - l_y'}{l_r' - f_r'}\phi\eta > 0$$

$$\frac{dR_a^e}{d\bar{q}} = \frac{x}{\bar{q}}\frac{(1 - c_y' - i_y')l_r' + (c_r' + i_r' - f_r')l_y'}{l_r' - f_r'}\phi\eta < 0$$

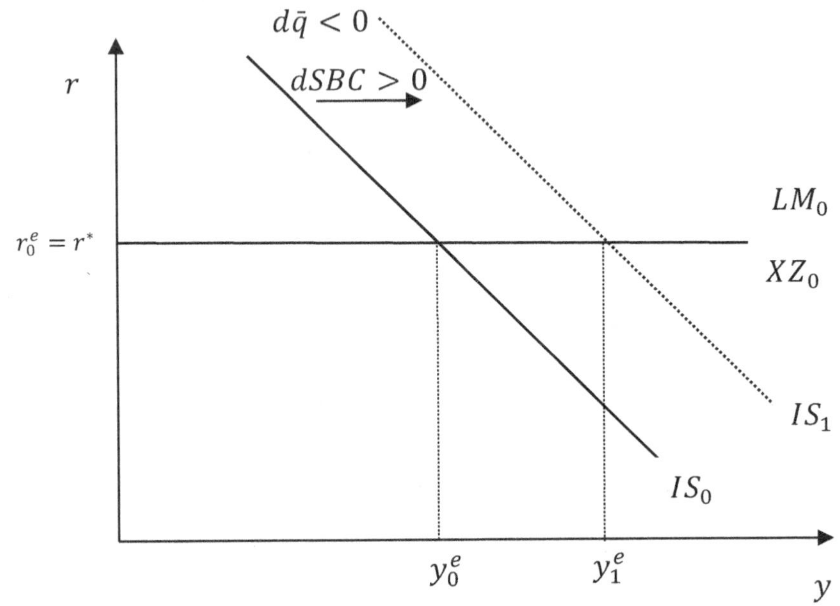

Graphique 5.9

Une dévaluation ($d\bar{q} < 0$) détermine toujours un accroissement du revenu ($dy^e/d\bar{q} < 0$), et des avoirs de réserve ($dR_a^e/d\bar{q}$<0) d'équilibre. La dévaluation induit en effet des gains de compétitivité qui améliorent le solde courant, si la condition MLR est remplie (Le graphique ci-dessus illustre les effets d'une dévaluation dans une configuration de mobilité parfaite des capitaux). Le surcroît de réserves en devises engendre une expansion de la masse monétaire qui détend le taux d'intérêt ($dr^e/d\bar{q} > 0$).

Le revenu, le taux d'intérêt, et les réserves de change en équilibre stationnaire

On suppose que la balance globale des paiements est équilibrée, de même que les marchés du bien et de la monnaie domestique. L'équilibre stationnaire est décrit par le système d'équations ci-après :

$$\begin{cases} c(y,r) + i(y,r) + g + x(\bar{q}) = y + \dfrac{1}{\bar{q}} z(y,\bar{q}) & (5.10) \\ l(y,r) = \Delta\bar{m} + \Delta R_a & (5.11) \\ x(\bar{q}) - \dfrac{1}{\bar{q}} z(y,\bar{q}) + f(r - r^*) = 0 & (5.12) \end{cases}$$

Le système différentiel associé est le suivant :

$$\begin{cases} \varphi^{-1} dy - (c'_r + i'_r) dr + 0 dR_a = d\bar{g} + 0 d\bar{m} + \dfrac{x}{\bar{q}} \phi d\bar{q} & (5.13) \\ l'_y dy + l'_r dr - dR_a = 0 d\bar{g} + d\bar{m} + 0 d\bar{q} & (5.14) \\ \dfrac{z'_y}{\bar{q}} dy - f'_r dr + 0 dR_a = 0 d\bar{g} + 0 d\bar{m} + \dfrac{x}{\bar{q}} \phi d\bar{q} & (5.15) \end{cases}$$

avec,

$$\phi = \varepsilon_q^x - \varepsilon_q^z + 1 < 0 \quad (sous\ MLR) \qquad \varphi = \frac{1}{1 + \frac{z'_y}{\bar{q}} - c'_y - i'_y} > 0$$

Le système est également décomposable. Les relations (5.13) et (5.14) permettent en fait de déterminer (dy^e) et (dr^e). La relation (5.15) donne la solution pour (dR_a^e).

La forme matricielle du système constitué par les équations (5.13) et (5.14) est la suivante :

$$\begin{pmatrix} \varphi^{-1} & -(c'_r + i'_r) \\ \frac{z'_y}{\bar{q}} & -f'_r \end{pmatrix} \begin{pmatrix} dy^e \\ dr^e \end{pmatrix} = \begin{pmatrix} 1 & 0 & \frac{x}{\bar{q}}\phi \\ 0 & 1 & \frac{x}{\bar{q}}\phi \end{pmatrix} \begin{pmatrix} d\bar{g} \\ d\bar{m} \\ d\bar{q} \end{pmatrix} \quad (5.16)$$

$$\begin{pmatrix} dy^e \\ dr^e \end{pmatrix} = \eta \begin{pmatrix} 1 & 0 & -\frac{x}{\bar{q}}\frac{1}{f'_r}(c'_r + i' - f'_r)\phi \\ \frac{1}{f'_r}\frac{z'_y}{\bar{q}} & 0 & -\frac{x}{\bar{q}}\frac{1}{f'_r}(1 - c'_y - i'_y)\phi \end{pmatrix} \begin{pmatrix} d\bar{g} \\ d\bar{m} \\ d\bar{q} \end{pmatrix}$$

$$\eta = \frac{1}{1 + \frac{z'_y}{\bar{q}} - c'_y - i' - \frac{1}{f'_r}\frac{z'_y}{\bar{q}}(c'_r + i'_r - f'_r)} > 0$$

On obtient ainsi les solutions suivantes :

$$\begin{cases} dy^e = \eta d\bar{g} + 0 d\bar{m} - \frac{x}{\bar{q}}\frac{1}{f'_r}(c'_r + i'_r - f'_r)\phi\eta d\bar{q} & (5.17) \\ dr^e = \frac{z'_y}{\bar{q}}\frac{1}{f'_r}\eta d\bar{g} + 0 d\bar{m} - \frac{x}{\bar{q}}\frac{1}{f'_r}(1 - c'_y - i'_y)\phi\eta d\bar{q} & (5.18) \end{cases}$$

$$\Rightarrow \quad \{ \quad dR^e_a = \Psi_1 \eta d\bar{g} - d\bar{m} + \Psi_2 \eta d\bar{q} \quad (5.19)$$

$$\Psi_1 = \left(l'_y + \frac{1}{f'_r}\frac{z'_y}{\bar{q}} l'_r \right) <> 0$$

$$\Psi_2 = -\frac{x}{\bar{q}}\frac{1}{f'_r}\left((1 - c'_y - i'_y)l'_r + (c'_r + i'_r - f'_r)l'_y\right) < 0$$

À travers les multiplicateurs ci-dessus, on retrouve les principaux résultats obtenus en équilibre temporaire. Il apparaît simplement que la politique monétaire est ici inefficace, indépendamment des hypothèses faites sur le degré de mobilité des capitaux.

Exercice corrigé

On considère une économie décrite par les relations qui suivantes :

$$\begin{cases} c = \alpha(y - t) - \beta r + \gamma \\ i = \lambda y - \delta r \\ t = \theta y \\ z = \omega y \bar{q}^{\sigma} \\ x = \bar{q}^{-v} \\ g = \bar{g} \\ m^d = \mu y - \tau r \\ m^o = \Delta\bar{m} + \Delta R_a \\ f = \varepsilon(r - r^*) \\ y = g(n) \end{cases}$$

y, est le produit global ; $g(n)$, la fonction de production de court terme ; $\bar{n} > n$, la quantité de travail de plein emploi ; n, la quantité de travail demandée ; c, la consommation des ménages ; i, l'investissement des entreprises ; x, les exportations ; z, les importations en devises ; g, la consommation publique (dépenses publiques) ; $\bar{q}$, le taux de change réel officiel au certain ; m^o, m^d, respectivement l'offre et la demande de monnaie ; t, les impôts ; ΔR_a, le flux de réserves de change en monnaie domestique ; r, r^* les taux d'intérêt domestique et étranger; f, la fonction qui décrit les flux de capitaux spéculatifs.

Toutes les variables sont exprimées en termes réels, et les caractères grecs sont tous des paramètres $\in]0,1[$ excepté $\gamma,\ \tau,\ \omega > 0,\ \varepsilon \geq 0$. Les termes surmontés d'une barre sont des variables exogènes.

Le système ci-dessous permet de déterminer les valeurs, en équilibre temporaire, des variables de bouclage du modèle $(y^e, r^e, \Delta R_a^e)$:

$$\begin{cases} c(y,r) + i(y,r) + g + x(\bar{q}) = y + \dfrac{z(y,\bar{q})}{\bar{q}} \\ \\ l(y,r) = \Delta\bar{m} + \Delta R_a \\ \\ x - \dfrac{z(y,\bar{q})}{\bar{q}} + f(r - r^*) = \Delta R_a \end{cases}$$

Sous sa forme différentielle (avec $dr^* = 0$ pour simplifier les calculs), et en prenant en compte les formes fonctionnelles des différents comportements macroéconomiques, on obtient le système d'équation ci-dessous :

$$\begin{cases} \varphi^{-1} dy - (\beta + \delta)dr + 0dR_a = d\bar{g} + 0d\bar{m} - \phi d\bar{q} \\ \\ (\mu + \dfrac{z'_y}{\bar{q}})dy + (\tau - \varepsilon)dr + 0dR_a = 0d\bar{g} + d\bar{m} - \phi d\bar{q} \\ \\ \dfrac{z'_y}{\bar{q}} dy - \varepsilon dr + dR_a = 0d\bar{g} + 0d\bar{m} - \phi d\bar{q} \end{cases}$$

$$\varphi = \frac{1}{1 + \frac{z'_y}{\bar{q}} - \alpha(1-\theta) - \lambda} > 0 \quad \phi = \frac{x}{\bar{q}}(\upsilon + \sigma - 1)$$

On souhaite analyser les effets des politiques monétaires et budgétaires sur l'équilibre macroéconomique, en fonction de la configuration de la mobilité des capitaux.

Questions

1. Montrer que la résolution du système différentiel ci-dessus débouche sur les résultats suivants :

$$\begin{cases} dy^e = \eta d\bar{g} + \dfrac{\beta+\delta}{\tau+\varepsilon}\eta d\bar{m} - (1+\dfrac{\beta+\delta}{\tau+\varepsilon})\phi\eta d\bar{q} \\ dr^e = \dfrac{\mu+\frac{z'_y}{\bar{q}}}{\tau+\varepsilon}\eta d\bar{g} - \dfrac{1+\frac{z'_y}{\bar{q}}-\alpha(-\theta)-\lambda}{\tau+\varepsilon}\eta d\bar{m} + \dfrac{1-\alpha(-\theta)-\lambda-\mu}{\tau+\varepsilon}\phi\eta d\bar{q} \\ dR_a^e = \dfrac{\varepsilon}{\tau+\varepsilon}\left[\mu - \dfrac{\tau}{\varepsilon}\dfrac{z'_y}{\bar{q}}\right]\eta d\bar{g} - \dfrac{\varepsilon}{\tau+\varepsilon}\left[1+\dfrac{z'_y}{\bar{q}}\left(1+\dfrac{\beta+\delta}{\varepsilon}\right)-\alpha(-\theta)-\lambda\right]\eta d\bar{m} \\ \qquad -\dfrac{\tau}{\tau+\varepsilon}\left[1-\alpha(-\theta)-\lambda+(\beta+\delta+\varepsilon)\dfrac{\mu}{\tau}\right]\phi\eta d\bar{q} \end{cases}$$

$$\eta = \frac{1}{1+\frac{z'_y}{\bar{q}}-\alpha(1-\theta)-\lambda+\frac{\beta+\delta}{\tau+\varepsilon}(\mu+\frac{z'_y}{\bar{q}})} > 0$$

2. Décrire le mécanisme d'une stérilisation de sortie de capitaux.

On suppose, pour les questions qui suivent, que les autorités monétaires ne stérilisent pas les variations des réserves de change.

3. Analyser les effets sur le revenu, le taux d'intérêt, et les réserves de change d'équilibre, des politiques budgétaire et monétaire expansives dans les configurations de mobilité des capitaux suivantes :

(a.) ε	$\to$ 0	Mobilité nulle des capitaux
(b.) ε	$\to$ ∞	Mobilité parfaite des capitaux

4. Étayer les raisonnements économiques par le calcul des multiplicateurs correspondants, et la représentation du graphique illustratif dans chacun des cas.

5. Analyser l'impact sur le revenu et le taux d'intérêt d'équilibre d'un relèvement du taux étranger ($dr^* > 0$) dans la configuration (b.). Faire une illustration graphique dans ce cas de figure.

Corrigé

1.

Il s'agit de résoudre le système matriciel suivant :

$$\begin{pmatrix} \varphi^{-1} & \beta+\delta & 0 \\ \mu & -(\tau+\varepsilon) & 0 \\ \frac{z'_y}{\bar{q}} & -\varepsilon & 1 \end{pmatrix}\begin{pmatrix} dy^e \\ dr^e \\ dR_a^e \end{pmatrix} = \begin{pmatrix} 1 & 0 & -\phi \\ 0 & 1 & -\phi \\ 0 & 0 & -\phi \end{pmatrix}\begin{pmatrix} d\bar{g} \\ d\bar{m} \\ d\bar{q} \end{pmatrix}$$

On constate que ce système est décomposable.

$$\Rightarrow \begin{pmatrix} \varphi^{-1} & \beta+\delta \\ \mu & -(\tau+\varepsilon) \end{pmatrix}\begin{pmatrix} dy^e \\ dr^e \end{pmatrix} = \begin{pmatrix} 1 & 0 & -\phi \\ 0 & 1 & -\phi \end{pmatrix}\begin{pmatrix} d\bar{g} \\ d\bar{m} \\ d\bar{q} \end{pmatrix}$$

$$\Rightarrow \begin{pmatrix} dy^e \\ dr^e \end{pmatrix} = \eta\begin{pmatrix} 1 & \frac{\beta+\delta}{\tau+\varepsilon} \\ \frac{\mu+\frac{z'_y}{\bar{q}}}{\tau+\varepsilon} & -\frac{1+\frac{z'_y}{\bar{q}}-\alpha(1-\theta)-\lambda}{\tau+\varepsilon} \end{pmatrix}\begin{pmatrix} 1 & 0 & -\phi \\ 0 & 1 & -\phi \end{pmatrix}\begin{pmatrix} d\bar{g} \\ d\bar{m} \\ d\bar{q} \end{pmatrix}$$

$$\eta = \frac{1}{1+\frac{z'_y}{\bar{q}} - \alpha(1-\theta) - \lambda + \frac{\beta+\delta}{\tau+\varepsilon}(\mu + \frac{z'_y}{\bar{q}})} > 0$$

$$\Rightarrow dR_a^e = \frac{\varepsilon}{\tau+\varepsilon}\left[\mu - \frac{\tau}{\varepsilon}\frac{z'_y}{\bar{q}}\right]\eta d\bar{g}$$
$$- \frac{\varepsilon}{\tau+\varepsilon}\left[1+\frac{z'_y}{\bar{q}}(1+\frac{\beta+\delta}{\varepsilon}) - \alpha(-\theta) - \lambda\right]\eta d\bar{m}$$
$$- \frac{\tau}{\tau+\varepsilon}\left[1 - \alpha(-\theta) - \lambda + (\beta+\delta+\varepsilon)\frac{\mu}{\tau}\right]\phi\eta d\bar{q}$$

2.

Si les autorités monétaires ne stérilisent pas une sortie de capitaux, la masse monétaire se contracte, le taux d'intérêt augmente et pénalise l'activité. Pour éviter ce processus, les autorités monétaires peuvent alimenter le marché monétaire en liquidités, par des achats de titres domestiques.

3.

	$\varepsilon \to 0$		$\varepsilon \to \infty$	
	$d\bar{g}$	$d\bar{m}$	$d\bar{g}$	$d\bar{m}$
dy^e	$\eta_0 > 0$	$\frac{\beta+\delta}{\tau}\eta_0 > 0$	$\varphi > 0$	0
dr^e	$\frac{\mu+\frac{z'_y}{\bar{q}}}{\tau}\eta_0 > 0$	$-\frac{1+\frac{z'_y}{\bar{q}} - \alpha(1-\theta) - \lambda}{\tau}\eta_0 < 0$	0	0
dR_a^e	$-\frac{z'_y}{\bar{q}}\eta_0 < 0$	$-\frac{z'_y}{\bar{q}}\frac{\beta+\delta}{\tau}\eta_0 < 0$	$\mu\varphi > 0$	$-1 < 0$

$$\eta_0 = \frac{1}{1+\frac{z'_y}{\bar{q}} - \alpha(1-\theta) - \lambda + \frac{\beta+\delta}{\tau}(\mu + \frac{z'_y}{\bar{q}})} > 0$$

La pente *LM* est plus oblique qu'en économie fermée. En mobilité parfaite des capitaux, la politique monétaire est totalement inefficace. Par contre, c'est dans cette configuration de mobilité des capitaux que la politique budgétaire est pleinement efficace.

5.

Lorsque la mobilité des capitaux est parfaite, il y a nécessairement parité des taux d'intérêt. Un relèvement du taux étranger rompt la parité des taux au profit des titres étrangers ($r^* > r$). Une sortie massive de capitaux s'ensuit, et la masse monétaire se contracte, si les autorités monétaires ne pratiquent pas de politique de stérilisation. Cette contraction de la masse monétaire ajuste le taux d'intérêt à la hausse (jusqu'au rétablissement de la parité des taux) ce qui dégrade l'activité ($dy < 0$).

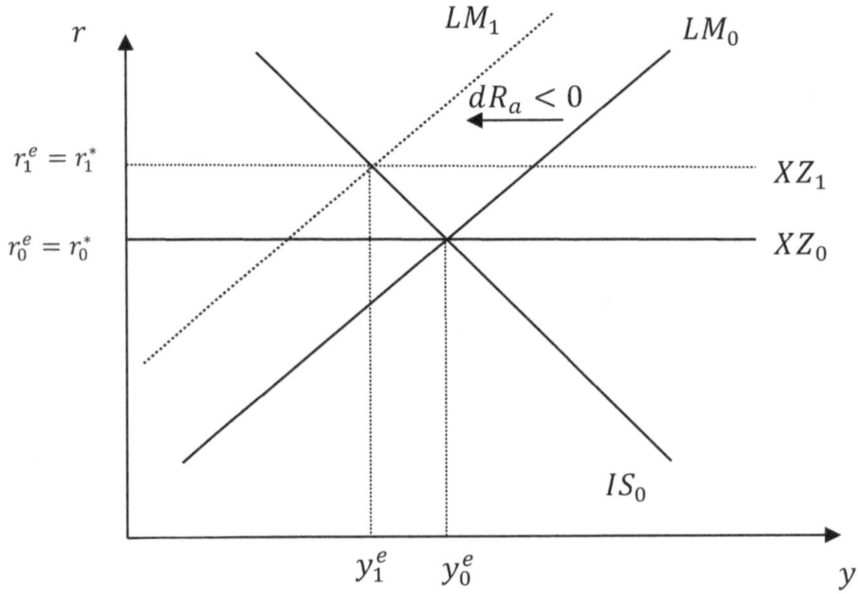

Graphique 5.10

CHAPITRE VI

COORDINATION ÉCONOMIQUE INTERNATIONALE

Tout au long des chapitres précédents, l'évaluation des performances des mesures de politique économique s'est faite en supposant la stabilité de l'environnement économique, et l'absence de réaction des autres agents économiques face aux externalités engendrées par les décisions des autorités administratives domestiques. Or, l'environnement économique n'est très souvent pas stable. Par ailleurs, les autres agents économiques modifient leurs comportements et leurs anticipations suite aux mesures de politique économique prises par les administrations domestiques. Dans ce contexte, les performances macroéconomiques des politiques publiques doivent logiquement être appréhendées comme les produits de programmes d'optimisation sous contrainte, ou de jeux stratégiques interactifs, prenant en compte les réactions des autres agents économiques. Cette démarche est particulièrement recommandable en économie ouverte, lorsque les économies domestiques et extérieures sont fortement interdépendantes. La prise en compte de cette interdépendance économique et financière dans les modèles macroéconomiques permet, en matière monétaire et budgétaire, d'illustrer la nécessité de la coopération économique au niveau international.

Coopération monétaire

Le modèle d'interdépendance

On se situe dans un environnement international avec trois « pays» : la nation (*1*), l'étranger (*2*), et le reste du monde (*3*). Ces trois « pays » entretiennent des relations commerciales, monétaires, et financières. Leurs taux de change bilatéraux sont e_{12}, e_{13} et e_{23}. Deux de ces taux sont indépendants ($e_{13} = e_{12} \times e_{23}$). On suppose qu'il y a substituabilité, et mobilité parfaite des capitaux entre les trois « pays », de telle sorte qu'on a une parité des taux d'intérêt $r^1 = r^2 = r^3$ au niveau international.

Changes flexibles sans coopération monétaire

En changes flexibles, l'équilibre macroéconomique au niveau international est résumé par les relations suivantes :

$$\begin{cases} c(y^1) + i(y^1) + g^1 + SBC^1(y^1, y^2, y^3, e_{12}, e_{12} \times e_{23}) = y^1 & (6.1) \\ c(y^2) + i(y^2) + g^2 + SBC^2(y^1, y^2, y^3, e_{12}, e_{23}) = y^2 & (6.2) \\ c(y^3) + i(y^3) + g^3 + SBC^3(y^1, y^2, y^3, e_{23}, e_{12} \times e_{23}) = y^3 & (6.3) \\ l(y^1, r^1) = \Delta\bar{m}^1 & (6.4) \\ l(y^2, r^1) = \Delta\bar{m}^2 & (6.5) \\ l(y^3, r^1) = \Delta\bar{m}^3 & (6.6) \end{cases}$$

$$SBC^{1'}_{y^2}, SBC^{1'}_{y^3} > 0 > SBC^{1'}_{y^1}, SBC^{1'}_{e_{12}}, SBC^{1'}_{e_{12} \times e_{23}}$$

$$SBC^{2'}_{y^1}, SBC^{2'}_{y^3}, SBC^{2'}_{e_{12}} > 0 > SBC^{2'}_{y^2}, SBC^{2'}_{e_{23}}$$

$$SBC^{3'}_{y^1}, SBC^{3'}_{y^3}, SBC^{3'}_{e_{23}}, SBC^{3'}_{e_{12} \times e_{23}} > 0 > SBC^{3'}_{y^3}$$

Les relations (6.1) à (6.6) déterminent y^1, y^2, y^3, r^1, e_{12} et e_{23} à l'équilibre macroéconomique au niveau international en changes flexibles.

Dans cette configuration de change et de mobilité des capitaux, l'instrument de stabilisation recommandé est la politique monétaire. Une expansion monétaire de la nation alimente sa croissance, mais déprime l'activité à l'étranger et dans le reste du monde. En effet, cette expansion monétaire déprécie la monnaie nationale vis-à-vis des autres monnaies ($de_{12} < 0$, $de_{13} < 0$). Il s'ensuit une amélioration du solde commercial de la nation ($SBC^{1'}_{e_{12}} < 0, SBC^{1'}_{e_{12} \times e_{23}} < 0$), et une dégradation des soldes commerciaux de l'étranger ($SBC_{e_{12}}^{2'} > 0$), et du reste du monde ($SBC_{e_{12}\times e_{23}}^{3'} > 0$). D'où la croissance dans l'économie de la nation, la récession à l'étranger, et dans le reste du monde. Si l'expansion monétaire est engagée par l'étranger, c'est lui qui en tire profit aux dépens des autres. De même, le reste du monde aurait des retombées positives sur sa croissance aux dépens des autres s'il initiait une expansion monétaire.

En somme, le pays qui engage une expansion monétaire, dans cette configuration de change et de mobilité des capitaux, alimente sa croissance par une récession chez ses partenaires commerciaux et financiers. Il y a donc une forte incitation pour une compétition à l'expansion monétaire en l'absence de coopération. Si cette compétition s'enclenche, les politiques respectives se neutralisent (absence de croissance pour chaque membre) et un biais inflationniste s'instaure. Pour éviter cette situation sous-optimale, il est préférable de coordonner les politiques monétaires et de change en régime international de changes flexibles.

Coopération monétaire au sein d'une zone de change

On suppose que la nation et l'étranger s'accordent pour fixer leur taux de change bilatéral $e_{12} = \bar{e}$. Ils forment ainsi une zone de changes fixes qui demeure liée au reste du monde par des changes flexibles. L'équilibre macroéconomique ci-dessus est ainsi transformé :

$$\begin{cases} c(y^1) + i(y^1) + g^1 + SBC^1(y^1, y^2, y^3, e_{23}) = y^1 & (6.7) \\ c(y^2) + i(y^2) + g^2 + SBC^2(y^1, y^2, y^3, e_{23}) = y^2 & (6.8) \\ c(y^3) + i(y^3) + g^3 + SBC^3(y^1, y^2, y^3, e_{23}) = y^3 & (6.9) \end{cases}$$

$$\begin{cases} l(y^1, r^1) = \Delta\bar{m}^1 + \Delta R_a^1 & (6.10) \\ l(y^2, r^1) = \Delta\bar{m}^2 + \Delta R_a^2 & (6.11) \\ l(y^3, r^1) = \Delta\bar{m}^3 & (6.12) \end{cases}$$

À l'équilibre macroéconomique, ce système détermine soit (y^1, y^2, y^3, r^1, e_{23}, ΔR_a^1) soit (y^1, y^2, y^3, r^1, e_{23}, ΔR_a^2), selon que c'est la nation ou l'étranger qui a en charge la gestion de la stabilité de la parité au niveau $e_{12} = \bar{e}$. Si c'est la nation qui assure cette fonction, elle perd son autonomie monétaire ($\Delta R_a^1 \neq 0$) au profit de l'étranger qui préserve la sienne ($\Delta R_a^2 = 0$). Inversement, si c'est l'étranger qui assure le maintien de la parité bilatérale, la nation conserve son autonomie monétaire ($\Delta R_a^1 = 0$).

Celui des deux pays, qui jouit de l'autonomie monétaire, détermine de fait la masse monétaire globale de la zone de change. Il peut être considéré comme le pays *leader*, dans la mesure où en conservant son autonomie monétaire, il profite des avantages du régime de changes fixes sans en subir les contraintes. C'est son partenaire au sein de la zone de change qui assure la stabilité du taux de change bilatéral, au prix de la perte d'un instrument de politique économique. Dans le cadre d'une coopération au sein de la zone, les membres agissent en pratique ensemble, pour assurer la stabilité de la parité bilatérale, ce qui débouche sur un équilibre « Pareto supérieur » à la situation non coopérative, où certains membres ont seuls la charge de la gestion de la stabilité des taux de change bilatéraux.

Coopération monétaire en union de change

On suppose ici que la nation et l'étranger adoptent une monnaie commune, constituant ainsi une union de change, ou une union monétaire. Cela implique nécessairement la perte d'autonomie monétaire pour chacun des membres, au profit d'une instance indépendante (banque centrale commune). En effet, en situation de coopération monétaire dans une zone de changes fixes, la nécessité de garantir les parités bilatérales, oblige les pays membres à contrôler leur création monétaire. Toute dérive en la matière est sanctionnée par des pertes de réserves de change. Dans une union monétaire, cette force de rappel disparaît, et le pouvoir de création monétaire des pays membres est théoriquement illimité. Ceci justifie l'institution d'un fédéralisme monétaire, c'est-à-dire la création d'une banque centrale indépendante, qui a en charge la gestion de la parité de la monnaie commune avec celle du reste du monde.

Un seul taux de change (e) entre l'union et le reste du monde subsiste dans notre modèle. On note $r = r^1 = r^2$ le taux d'intérêt au sein de l'union de change. SBC^{12}, SBC^{21} sont les soldes commerciaux croisés au sein de l'union ($SBC^{12} = -SBC^{21}$). SBC^{13} (SBC^{23}) est le solde commercial de la nation (étranger) vis-à-vis du reste du monde. Dans ce cas de figure, l'équilibre macroéconomique est le suivant :

$$\begin{cases} c(y^1) + i(y^1) + g^1 + SBC^{12}(y^1, y^2) + SBC^{13}(y^1, y^3, e) = y^1 & (6.13) \\ c(y^2) + i(y^2) + g^2 + SBC^{21}(y^2, y^1) + SBC^{23}(y^2, y^3, e) = y^2 & (6.14) \\ SBC^{13}(y^1, y^3, e) + SBC^{23}(y^2, y^3, e) + f(r - r^3) = 0 & (6.15) \\ l(y^1, r) = \Delta m^1 & (6.16) \\ l(y^2, r) = \Delta m^2 & (6.17) \\ l(y^1, r) + l(y^2, r) = \Delta \bar{m} & (6.18) \end{cases}$$

La masse monétaire de l'union ($\Delta\bar{m}$) est déterminée de façon exogène par la banque centrale indépendante. Les masses monétaires de la nation (Δm^1) et de l'étranger (Δm^2) sont déterminées par les fonctions respectives de demande de monnaie. Ainsi la répartition de la masse monétaire de l'union se fait de façon endogène. La relation (6.15) décrit l'équilibre de la balance des paiements entre l'union et le reste du monde.

Les relations (6.13) à (6.16) déterminent (y^1, y^2, r, e), et les relations (6.17) et (6.18) déterminent ($\Delta m^1, \Delta m^2$). Les membres de l'union perdent leur autonomie monétaire. En contrepartie ils n'assurent plus l'ajustement de la balance des paiements. Celui-ci est assuré par les fluctuations du taux de change de la monnaie commune, gérée par la banque centrale indépendante. Il reste alors les politiques budgétaires aux pays de l'union comme instruments de stabilisation économique.

L'expérience européenne de coopération monétaire

Les accords de changes internationaux signés le 22 juillet 1944 à Bretton Woods, aux États-Unis, définissent les règles de fonctionnement du système monétaire international au sortir de la Deuxième Guerre mondiale. Ces accords instaurent un régime de changes fixes, avec comme étalon de référence, le dollar américain qui est lui-même rattaché à l'or avec une parité fixe de 35 dollars pour une Once d'or. Dans ce nouveau système monétaire international, les différentes devises nationales sont rattachées au dollar américain (et non à l'or comme dans le *Gold Exchange Standard*) avec une parité fixe. Le Fonds Monétaire International (FMI) est créé pour assurer la régulation du nouveau régime international de change. Il veille en particulier à l'ajustement de la balance des paiements des pays adhérents à ce nouveau régime international de change, qui érige de fait le dollar américain en monnaie de réserve, et de paiement au niveau international.

Le régime de change instauré par les accords de Bretton Woods prospère jusqu'au début des années 1970. Durant toute cette période, peu de banques centrales, détentrices de réserves en dollar américain, ressentent le besoin de convertir celles-ci en or. Cela permet aux États-Unis d'émettre une quantité importante de dollars, sans se préoccuper du niveau de leur encaisse-or. Ces dollars émis aux États-Unis alimentent en particulier les réserves des banques centrales européennes (eurodollars) et indirectement l'émission monétaire et l'inflation au sein des économies européennes.

Face aux montants importants d'eurodollars en circulation dans le monde au début des années 1970, certaines banques centrales européennes (Bundesbank – République Fédérale Allemande (RFA) - notamment) entreprennent de réclamer à la banque centrale américaine (*Federal Reserve System* - FED) la conversion en or de leurs réserves en dollar américain. Pour ne pas épuiser leurs réserves en or, les États-Unis décident unilatéralement, le 15 août 1971, de suspendre la convertibilité du dollar en or. C'est la fin du système monétaire international institué par les accords de Bretton Woods, et l'avènement de fait d'un régime international de changes flexibles, où les parités bilatérales entre les différentes monnaies sont déterminées librement sur les marchés internationaux de change.

Avec l'avènement d'un régime international de changes flottants, la volatilité importante des taux de change devient l'une des pré-occupations majeures des gouvernements européens, et japonais notamment. Elle entretient en effet un risque de change important susceptible de freiner le développement des transactions économiques au niveau international. Les États européens entreprennent, dans ce contexte, de créer un système de change propre, dénommé Serpent Monétaire Européen (SME), pour essayer de limiter la volatilité des parités bilatérales entre leurs monnaies.

Le Serpent Monétaire Européen

Le Serpent Monétaire Européen est créé au mois d'avril 1972. Il instaure des marges de fluctuations limitées entre les parités bilatérales des monnaies des pays membres de la Communauté Économique Européenne (CEE). À travers les accords qui instituent le SME, les banques centrales des pays concernés s'engagent à intervenir sur les marchés des changes pour stabiliser les fluctuations des parités bilatérales des monnaies européennes dans les marges officielles retenues (+/- 2,25 %). Mais face à l'ampleur des attaques spéculatives sur leurs monnaies, et l'importance de pertes de réserves officielles de change subies, plusieurs pays de la CEE sortent du SME. C'est le cas de la Grande-Bretagne, un mois après la mise en place du SME (juin 1972), de l'Italie 8 mois après (janvier 1973), et de la France un peu plus d'un an après (1974).

De fait, il apparaît très vite au sein du SME, que le Deutsche Mark (DM) est la monnaie étalon du système, et que la RFA est son pays *leader*. En raison de la supériorité relative des performances macroéconomiques de la RFA au sein de la CEE, le DM s'apprécie continuellement dans la deuxième moitié des années 1970, aux dépens des autres monnaies du SME. Le maintien au sein du SME devient coûteux pour la plupart des autres membres en termes de réserves de change. Cette situation inspire une réforme du SME.

Le Système Monétaire Européen

Le 13 mars 1979, le Système Monétaire Européen (SME) est créé avec le même objectif de stabilisation des fluctuations des parités des monnaies européennes. Il se distingue fondamentalement du Serpent Monétaire Européen, par l'institution officielle d'une monnaie étalon différente du DM qui assurait de fait ce rôle. L'innovation majeure est que les interventions des banques centrales européennes visent, entre autres objectifs, à stabiliser les fluctuations des parités avec la monnaie étalon, dénommée *European Currency Unit* (ECU), et définie comme une moyenne pondérée des cours des monnaies des pays membres du SME. À l'inverse du Serpent Monétaire Européen, le Système Monétaire Européen, qui renforce la coopération économique et monétaire entre les membres de la CEE, contribue efficacement à la stabilité des changes, et à la lutte contre l'inflation en Europe jusqu'au début des années 1980.

Dans la première moitié des années 1980, l'alternance politique en France inaugure une période d'attaques spéculatives contre le Franc français (FF) qui coûtent d'importantes réserves à la Banque de France. En dix-huit mois, malgré la coopération monétaire renforcée au sein du SME, la France est obligée de dévaluer 3 fois le FF (octobre 1981, juin 1982, mars 1983) pour limiter les pertes de réserves de la Banque de France.

L'Union Économique et Monétaire

Au mois de février 1986, les membres de la CEE signent l'Acte unique qui accélère la libre circulation des marchandises, des services, des capitaux et des hommes (les quatre libertés fondamentales) dans l'espace européen. Il s'agit, à travers cet accord entre les pays membres de la CEE, de renforcer leur intégration économique, en passant du concept de « marché commun » promu depuis le Traité de Rome (1957), à celui du « marché unique » à l'horizon 1992. Cet accord ouvre la voie à la signature du Traité de l'Union européenne (Maastricht le 7 février 1992) qui crée l'Union Économique et Monétaire (UEM) en

Europe. Ce traité détermine l'avènement de la monnaie unique européenne, dénommée « Euro », et la disparition corrélative des monnaies nationales entre les pays signataires. Autrement dit, ce traité détermine l'institution d'une union de change, avec une Banque centrale européenne (BCE), une monnaie unique (Euro), et la disparition de la problématique de la stabilisation des parités monétaires entre les pays membres de la zone Euro.

La BCE, qui compose avec les Banques Centrales Nationales (BCN) le Système Européen des Banques Centrales (SEBC), est conçue comme un organe indépendant institutionnellement, et financièrement des États membres de la zone Euro. C'est elle qui définit et met en œuvre librement la politique monétaire et de changes de l'ensemble des pays membres de l'Eurosystème. Elle n'a pas le droit de solliciter et de recueillir des instructions extérieures dans le cadre de l'élaboration et de la mise en œuvre de la politique monétaire et de change commune. Elle dispose d'un budget propre, ce qui lui assure une indépendance financière. Le statut de ses membres dirigeants garantit également l'indépendance de la BCE, dont la principale mission statutaire est la préservation de la stabilité des prix en zone Euro, ce qui revient à préserver la valeur de la monnaie qu'elle émet.

Les pays membres de la zone Euro ayant ainsi volontairement renoncé à l'autonomie monétaire, au profit de la BCE, ne disposent plus que de leurs politiques budgétaires respectives pour envisager de stabiliser leurs conjonctures macroéconomiques.

Coopération budgétaire

Le modèle d'interdépendance

On retient dans cette section la configuration d'une union de change entre la nation et l'étranger, liée au reste du monde par un taux de change flexible. L'équilibre macroéconomique au niveau international est donné par le modèle constitué des relations (6.13) à (6.18) précédentes. Il y a substituabilité et mobilité parfaite des capitaux entre l'union, et le reste du monde, de telle sorte que la parité des taux d'intérêt est vérifiée. Nous admettons que les mesures de politiques budgétaires prises par l'un des membres de l'union, affectent l'activité économique de tous les autres membres de l'union, selon les modalités suivantes :

$$\begin{cases} y^1 = y^1(g^1, g^2) + v^1 \\ y^2 = y^2(g^1, g^2) + v^2 \\ SBC^{13} = SBC^{13}(g^1, g^2) + u \\ SBC^{23} = SBC^{23}(g^1, g^2) + u \end{cases} \tag{6.19}$$

$$y^{1\,\prime}_{g^1}, y^{2\,\prime}_{g^2} > 0 > y^{1\,\prime}_{g^2}, y^{2\,\prime}_{g^1}$$

$$SBC^{13\prime}_{g^2}, SBC^{23\prime}_{g^1}, SBC^{13\prime}_{u}, SBC^{23\prime}_{u} > 0 > SBC^{13\prime}_{g^1}, SBC^{23\prime}_{g^2}$$

(v^1, v^2, u) sont des chocs exogènes en provenance du reste du monde. Les chocs exogènes négatifs dégradent l'activité des membres de l'union, et leurs soldes commerciaux vis-à-vis du reste du monde. Inversement, les chocs exogènes positifs améliorent ces soldes commerciaux et l'activité.

On suppose que les dépenses publiques d'un membre de l'union exercent un effet plus important sur son activité économique, que sur celui de l'autre membre ($y^{1\,\prime}_{g^1} > \left|y^{2\,\prime}_{g^1}\right|$, $y^{2\,\prime}_{g^2} > \left|y^{1\,\prime}_{g^2}\right|$, $\left|SBC^{13\prime}_{g^1}\right| > SBC^{23\prime}_{g^1}$, $\left|SBC^{23\prime}_{g^2}\right| > SBC^{13\prime}_{g^2}$).

Dans notre contexte, toute politique budgétaire expansive dans un pays de l'union, dégrade son solde commercial avec le reste du monde. En effet, une politique budgétaire expansive dans l'un des pays de l'union alimente sa croissance, ses importations, et donc en principe la croissance dans l'autre pays de l'union. Toutefois, cette politique, qui accroît également le taux d'intérêt au sein de l'union, engendre un afflux de capitaux dans l'union, une appréciation de la monnaie commune (perte de compétitivité de l'union), ce qui freine le mouvement de croissance initiale au sein de l'union. Nous faisons l'hypothèse que les effets induits par l'appréciation de la monnaie commune, d'une part, atténuent la croissance dans le pays initiateur de la politique budgétaire expansive, et d'autre part, dépriment en définitive l'activité dans l'autre pays de l'union $(y_{g^1}^{1'}, y_{g^2}^{2'} > 0)$, $(y_{g^2}^{1'}, y_{g^1}^{2'} < 0)$.

Programme budgétaire

Les États membres de l'union possèdent un objectif de revenu $(\tilde{y}^1, \tilde{y}^2)$ et d'équilibre externe $(S\tilde{B}C^{13}, S\tilde{B}C^{23})$. Pour essayer d'atteindre ces objectifs, chaque État membre de l'union utilise l'instrument budgétaire qui est à sa disposition. En raison de la supériorité du nombre d'objectifs (2) comparativement au nombre d'instrument (1), les États membres ne peuvent pas réaliser simultanément leurs objectifs. Il en résulte de ce fait une perte sociale qu'ils cherchent à minimiser.

Les fonctions de perte sont définies ci-dessous :

$$\begin{cases} \frac{1}{2}(y^1 - \tilde{y}^1)^2 + \kappa_1 \frac{1}{2}(SBC^{13} - S\tilde{B}C^{13})^2 = \Psi_1 \\ \frac{1}{2}(y^2 - \tilde{y}^2)^2 + \kappa_2 \frac{1}{2}(SBC^{23} - S\tilde{B}C^{23})^2 = \Psi_2 \end{cases} \tag{6.20}$$

Pour des niveaux de pertes données $(\bar{\Psi}_1, \bar{\Psi}_2)$, ces équations définissent des courbes d'isopertes ou courbes d'indifférence en forme d'ellipses. Celles-ci rassemblent les couples (y^1, SBC^{13}) et (y^2, SBC^{23}) qui débouchent sur le même niveau de perte sociale pour chaque membre de l'union.

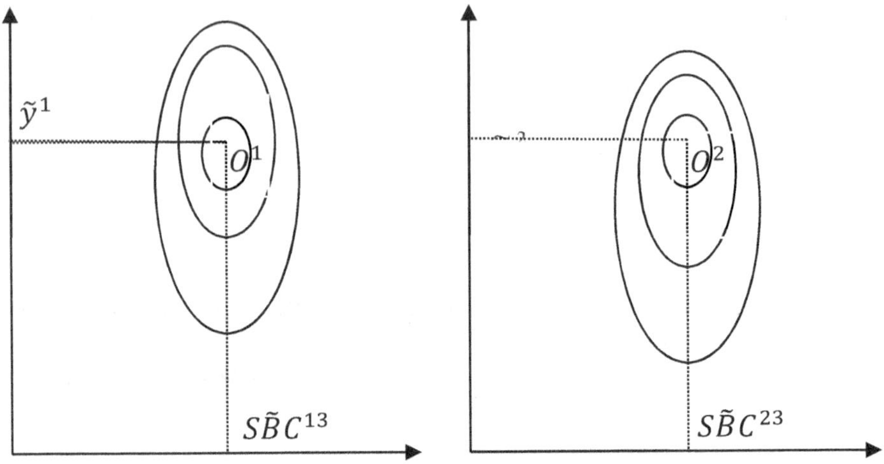

Graphiques 6.1

En prenant en compte les formalisations retenues pour les revenus et les soldes commerciaux dans le système (6.19), on a :

$$\begin{cases} \frac{1}{2}(y^1(g^1,g^2)+v^1-\tilde{y}^1)^2+\kappa_1\frac{1}{2}\left(SBC^{13}(g^1,g^2)+u-S\tilde{B}C^{13}\right)^2=\Psi_1 \\ \frac{1}{2}(y^2(g^1,g^2)+v^2-\tilde{y}^2)^2+\kappa_2\frac{1}{2}\left(SBC^{23}(g^1,g^2)+u-S\tilde{B}C^{23}\right)^2=\Psi_2 \end{cases} \quad (6.21)$$

Stratégies budgétaires

On suppose que chaque État membre minimise sa fonction de perte en fixant ses propres dépenses, et celles de son partenaire au sein de l'union. À l'optimum de leurs programmes, on a les égalités suivantes :

$$\begin{cases} \frac{\partial \Psi_1(g^1,g^2)}{\partial g^1}=0 \\ \frac{\partial \Psi_1(g^1,g^2)}{\partial g^2}=0 \end{cases} \quad (6.22)$$

$$\begin{cases} \dfrac{\partial \Psi_2(g^1, g^2)}{\partial g^1} = 0 \\ \\ \dfrac{\partial \Psi_2(g^1, g^2)}{\partial g^2} = 0 \end{cases} \tag{6.23}$$

La résolution des systèmes d'équations (6.21) et (6.22) ci-dessus permet d'obtenir les optimums absolus (caractérisés par des pertes nulles) pour chacun des membres de l'union ($O^1 = (g^1_{O^1}, g^2_{O^1})$ pour la nation, $O^2 = (g^1_{O^2}, g^2_{O^2})$ pour l'étranger).

Les solutions optimales (O^1, O^2) sont obtenues en supposant, d'une part, que la nation détermine à la fois ses propres dépenses (g^1) et celles de l'étranger (g^2), et d'autre part, que l'étranger détermine également ses propres dépenses (g^2) et celles de la nation (g^1). Si tel est le cas, chacun des membres, qui dispose en fait de deux instruments de politique économique dans ce contexte, réalise pleinement ses deux objectifs macroéconomiques (($y^1 = \tilde{y}^1$, $SBC^{13} = S\tilde{B}C^{13}$) ; ($y^2 = \tilde{y}^2$, $SBC^{23} = S\tilde{B}C^{23}$)).

Les membres de l'union ne peuvent cependant pas atteindre simultanément leurs optimums absolus. Les solutions (O^1, O^2) intègrent en effet, un conflit d'intérêts entre les membres de l'union. Chaque membre choisit ici la combinaison de dépenses publiques (g^1, g^2) qui lui permet d'atteindre son propre optimum absolu. Ce conflit d'intérêt est d'autant plus important que les optimums absolus (O^1, O^2) sont distants. Aucun membre de l'union ne peut, pour cette raison, renoncer à la fixation de ses propres dépenses publiques. Les optimums absolus (O^1, O^2) ne sont donc pas réalisables.

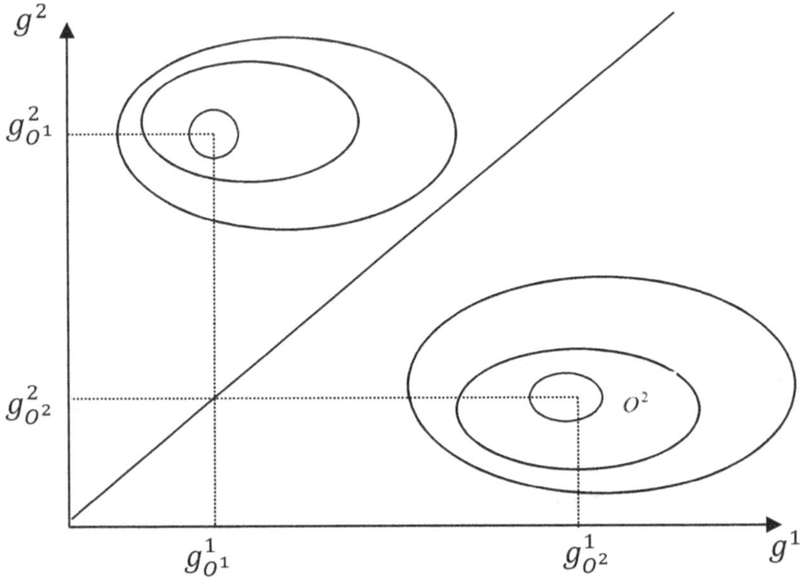

Graphique 6.2

Stratégie non coopérative : équilibre de Nash

On suppose ici que chaque État membre de l'union fixe ses dépenses publiques, sans se préoccuper de celles de l'autre membre. Autrement dit, il minimise sa fonction de perte sociale, en considérant les dépenses de l'autre membre de l'union comme exogènes. Dans ce cas on a, à partir du système (6.21), les deux équations suivantes :

$$\begin{cases} \dfrac{\partial \Psi_1(g^1, g^2)}{\partial g^1} = 0 \\ \\ \dfrac{\partial \Psi_2(g^1, g^2)}{\partial g^2} = 0 \end{cases} \tag{6.24}$$

Les deux équations ci-dessus sont les fonctions de réaction de chaque membre de l'union. Elles donnent la réaction optimale de chaque membre de l'union, suite aux choix budgétaires de l'autre membre.

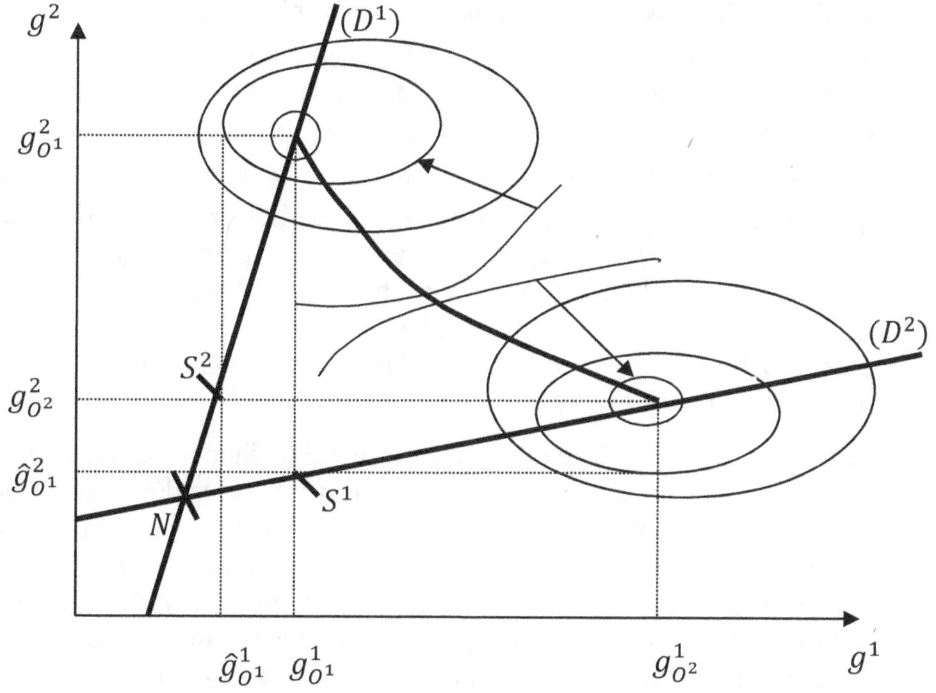

Graphique 6.3

Ces deux équations définissent les deux droites (D^1) et (D^2) représentées sur le graphique ci-dessus. Les deux droites se coupent en un point (N) qui correspond à l'équilibre de Nash. Cet équilibre est la solution du système (6.24). Ce point d'équilibre définit, pour chaque membre, son meilleur choix budgétaire compatible avec celui de l'autre membre.

Stratégie de domination : équilibres de Stackelberg

On suppose que l'un des membres de l'union joue le rôle de *leader*, et que l'autre joue celui de *suiveur*. On considère que le membre *leader* est celui qui fixe librement ses choix budgétaires. Le membre *suiveur* est celui qui s'adapte aux choix de son partenaire *leader*. Chaque membre est conscient de son statut de *leader* ou de *suiveur*.

Dans ce cadre, le *leader*, qui est le premier à déterminer son choix budgétaire, va retenir le niveau de dépenses publiques qui réalise son optimum absolu (O^1) ou (O^2). Si la nation est *leader*, elle choisira $(g^1_{O^1})$. L'étranger qui est *suiveur*, réagira en choisissant $(\hat{g}^2_{O^1})$ qui est le niveau de dépenses publiques qui minimise ses pertes conditionnellement au choix du *leader*. En effet, le choix de $(\hat{g}^2_{O^1})$ détermine un optimum situé sur la courbe représentative de la fonction de réaction du *suiveur* $(S^1 = (g^1_{O^1}, \hat{g}^2_{O^1}) \in D^2)$. Le même raisonnement, lorsque les rôles sont inversés, conduit à l'optimum $(S^2 = (\hat{g}^1_{O^2}, g^2_{O^2}) \in D^1)$. Les optimums S^1 et S^2 sont des équilibres de Stackelberg. Tout se passe ici comme si le *leader*, qui est le premier à déterminer ses choix budgétaires, se place délibérément sur la droite représentative de la fonction de réaction du *suiveur* (S^1 resp. S^2) qui représente le point le plus proche de son optimum absolu, compte tenu de la réaction prévisible du *suiveur*.

Le passage de l'équilibre de Nash (N) à celui de Stackelberg (S^1 ou S^2) traduit une amélioration de la situation des membres de l'union qui se rapprochent, chacun, de leur optimum absolu. Mais la comparaison des courbes d'indifférence aux optimums S^1 et S^2 permet de constater que chaque membre a intérêt à être *suiveur* et non *leader*. En effet, on minimise davantage ses pertes en étant *suiveur* plutôt que *leader*. Dans ces conditions, aucun des membres ne voudra être *leader* en l'absence d'entente ou de coopération. Les équilibres de Stackelberg ne sont donc pas stables, et on a tendance à converger vers l'équilibre de Nash qui lui est stable, mais moins optimal pour tous.

Stratégie coopérative : la coordination budgétaire

La recherche de solutions coopératives est motivée par l'existence d'équilibres mutuellement profitables. Mais la difficulté à coopérer, notamment dans le schéma précédent, est liée à l'absence d'une fonction objectif commune à l'ensemble des membres de l'union. En définissant une fonction objectif commune, la supériorité relative des stratégies coopératives transparaît.

L'optimum collectif résulte naturellement des optimums individuels des membres qui composent l'union. La définition de la fonction de perte collective se fait donc à partir des fonctions de pertes individuelles. Elle peut être définie comme une moyenne pondérée des fonctions de pertes individuelles :

$$\Phi = \lambda \Psi_1 + (1 - \lambda)\Psi_2$$

$$0 < \lambda < 1$$

Le paramètre $\lambda \in]0, 1[$ évalue le poids des intérêts de la nation qui sont pris en compte dans l'union. Il donne une indication sur le pouvoir de négociation de la nation au sein de l'union. L'optimum collectif est la solution du programme de minimisation de la fonction de perte collective. À l'optimum on a le système d'équations suivant :

$$\begin{cases} \dfrac{\partial \Phi(g^1, g^2)}{\partial g^1} = 0 \\ \\ \dfrac{\partial \Phi(g^1, g^2)}{\partial g^2} = 0 \end{cases} \qquad (6.25)$$

L'optimum collectif appartient à la courbe des contrats qui relie les optimums absolus (O^1) et (O^2). Cette courbe rassemble les points de tangence entre les courbes d'isopertes des membres de l'union, de sorte que chaque nouvelle combinaison de choix budgétaires améliorant la situation de l'un des membres, détériore simultanément la situation de l'autre. Autrement dit, les points de la courbe des contrats définissent des optimums de Pareto, obtenus au terme des négociations entre les membres. La position relative de l'optimum collectif, par rapport aux optimums absolus, dépend du pouvoir de négociation de chaque membre. Par ailleurs, les optimums appartenant à la courbe des contrats correspondent à des solutions avec moins de pertes que dans les optimums de Stackelberg et Nash ; d'où leur supériorité relative. Mais malgré cette supériorité relative, les solutions coopératives sont instables. En effet, à l'optimum coopératif négocié sur la courbe des contrats, chaque membre de l'union peut améliorer sa situation en réduisant ses propres dépenses budgétaires, sous réserve que l'autre membre maintienne les siennes. Dans ce cas de figure, le « tricheur » se rapproche en effet de son optimum absolu. Il existe donc une incitation adverse (prime à la tricherie) à l'optimum collectif. Cette propriété de l'optimum collectif peut compromettre la mise en œuvre des stratégies coopératives, malgré leur supériorité relative.

Le fédéralisme budgétaire est l'une des solutions à l'instabilité des optimums coopératifs. Cette formule revient à confier la responsabilité du programme collectif d'optimisation à un organisme supranational indépendant dont la mission statutaire est de minimiser la fonction de perte collective.

L'expérience européenne de coopération budgétaire

Le Pacte de stabilité et de croissance

Le traité du Pacte de Stabilité et de Croissance (PSC) signé en 1997, est le principal dispositif de coopération budgétaire européenne. Il comporte un volet préventif et un volet correctif.

Le volet préventif est destiné à assurer une discipline budgétaire dans chaque pays membre de l'UEM, pour éviter les situations d'insolvabilité publique susceptibles de contrarier l'autonomie de la politique monétaire et l'indépendance de la BCE. Ce volet comporte d'une part, des procédures de veille sur l'état et l'évolution des finances publiques des États membres de l'UEM, et d'autre part, une coordination de leurs politiques économiques.

La surveillance multilatérale des finances publiques des membres de l'UEM se fait principalement à travers l'encadrement de leur politique budgétaire par des règles communautaires. Le PSC impose ainsi aux États membres le respect de deux critères de discipline budgétaire :

1. Le déficit public de chaque État membre de l'UEM ne doit pas dépasser la limite de 3 % de son Produit Intérieur Brut (PIB) ;
2. La dette publique de chaque État membre ne doit pas dépasser la limite de 60 % de son PIB.

Ces deux critères de discipline budgétaire visent en principe à préserver la soutenabilité des dettes publiques, et à garantir la solvabilité des États membres de l'UEM. Comme tous les agents économiques, ceux-ci sont en effet soumis à leurs contraintes budgétaires. Ils couvrent leurs dépenses avec leurs ressources fiscales et leurs emprunts sur les marchés financiers. Dans ces conditions, la dynamique de l'endettement des États est entretenue par celle des déficits publics. D'où la nécessité de contrôler et limiter les déficits publics pour préserver la soutenabilité des dettes publiques, c'est-à-dire, préserver la capacité des États membres de l'UEM à faire face, de façon autonome, aux paiements du service de leurs dettes souveraines.

Dans le cadre de la coordination des politiques budgétaires, le PSC impose une concertation des États membres dans la définition et l'orientation de leurs politiques économiques et financières respectives. Les États membres sont ainsi tenus de fournir annuellement à la Commission européenne, pour avis, leurs prévisions en matière économique et budgétaire (Grandes Orientations de politiques Économiques (GOPE)). À cet effet, ils élaborent annuellement un programme de stabilité économique qui est transmis à la Commission européenne pour avis.

Le volet correctif est destiné à faire face à des situations de déficits publics excessifs d'un État membre de l'UEM. Le dispositif correctif est activé lorsqu'un État membre enregistre un déficit public excessif, c'est-à-dire, un déficit supérieur à 3 % de son PIB. Dans ce cas de figure, le pays concerné reçoit dans un premier temps, des recommandations pour rétablir son déficit public dans la limite autorisée. Ces recommandations peuvent être suivies d'avertissement et de mise en demeure de prendre les mesures correctives nécessaires. Des sanctions financières sont enfin prévues, lorsque le pays concerné ne redresse pas ses finances publiques malgré les recommandations, les avertissements et les mises en demeure.

Les sanctions financières prennent la forme de dépôt sans intérêt dans un premier temps. Celui-ci est transformé en amende au bout de deux ans, en l'absence de redressement effectif des finances publiques.

Le PSC prévoit cependant des exemptions dans la mise en œuvre de la procédure de déficits excessifs, lorsqu'un État membre est en situation de récession économique.

En définitive, le dispositif de coopération budgétaire européenne vise fondamentalement à éviter que les comportements opportunistes (*Passager clandestin*, *Aléa moral*) ou les difficultés budgétaires d'un État membre de l'UEM, voire son insolvabilité, ne mettent en péril la stabilité financière de la zone Euro et l'indépendance de la BCE dans la conduite de la politique monétaire commune. Ce dispositif de coopération budgétaire a été recommandé et mis en place pour pallier le fait que la zone Euro n'est pas considérée comme une zone monétaire optimale, notamment parce que les freins à la mobilité du travail sont nombreux.

Les critiques sur les règles prudentielles du PSC

Dès son adoption en 1997, le PSC a fait l'objet de nombreuses critiques, aussi bien dans ses fondements théoriques, que dans ses dispositions pratiques.

Les promoteurs de l'Euro ont fait le choix d'une politique monétaire centralisée, et d'une multiplicité de politiques budgétaires décentralisées, mais encadrées par le PSC. Autrement dit, une politique monétaire unique cohabite de fait au sein de la zone Euro avec plusieurs politiques budgétaires encadrées par le PSC. Cette configuration de fédéralisme monétaire, sans fédéralisme budgétaire, augmente les difficultés de coordination monétaire et budgétaire (*Policy mix*) nécessaire au sein d'une zone monétaire. L'adoption du PSC, assimilable à des règles communes de bonnes conduites budgétaires, ne comble pas le handicap de l'absence d'une politique budgétaire européenne, comme c'est le cas par exemple aux États-Unis et en Allemagne au niveau fédéral. Malgré le PSC, les États membres de la zone Euro gardent en effet l'essentiel de leurs prérogatives dans la définition et la conduite de leurs politiques budgétaires respectives. Rien, en dehors de la morale, ne contraint réellement les États membres de la zone Euro à respecter les engagements pris dans le cadre du PSC. Telle est la critique de fond qui est faite au PSC.

Plusieurs autres critiques du PSC portent sur ses dispositions pratiques. La plus récurrente concerne le caractère arbitraire des critères de 3 % du PIB pour les déficits publics, et de 60 % du PIB pour l'endettement public, qui sont appliqués sans discernement à tous les pays membres de l'UEM et en tout temps. Une autre critique porte sur le fait que les États membres de l'UEM sont juges et parties dans le cadre du PSC. Ils sont en effet en charge de leurs politiques budgétaires, et il leur revient d'encadrer ces politiques, et éventuellement de prendre des sanctions envers l'un ou plusieurs d'entre eux.

La crise de la zone Euro depuis 2009, qui se manifeste par le risque élevé de faillite de plusieurs États membres, c'est-à-dire, par la probabilité élevée de voir certains États membres de l'UEM faire défaut dans le remboursement de leurs dettes, donne à ces critiques du PSC une nouvelle actualité.

Le volet préventif du PSC n'a manifestement pas été efficace pour prévenir la dégradation généralisée des finances publiques des pays membres de l'UEM, après la crise financière internationale qui s'est déclenchée aux États-Unis au deuxième semestre de l'année 2008.

Le tableau suivant illustre le non-respect des critères de discipline budgétaire prévus dans le PSC par la quasi-totalité des 11 premiers États membres de la zone Euro après la crise financière internationale de 2008. Plusieurs raisons sont avancées pour expliquer l'échec du volet préventif du PSC.

Les conditions pratiques d'une coordination économique européenne efficace ne sont pas remplies. Le système d'information économique de l'UEM n'est pas fiable. Les données statistiques fournies par les États membres ne sont très souvent pas vérifiables. Dans ces conditions, l'encadrement des politiques budgétaires se fait sur la base d'ensembles d'informations erronées.

Le volet correctif du PSC a aussi révélé son inefficacité depuis le début de la crise de 2008.

Les procédures prévues pour corriger les situations de déficits excessifs (recommandations, avertissements, mises en demeure) se sont révélées très peu contraignantes du fait même des instances européennes, comme au mois de novembre 2003 lorsque le Conseil européen a usé de son pouvoir discrétionnaire, contre l'avis de quatre pays membres (l'Autriche, l'Espagne, la Finlande et les Pays-Bas), pour soustraire l'Allemagne et la France des obligations du dispositif des déficits excessifs. Le relâchement dans le respect des règles de discipline budgétaire a fortement contribué à décrédibiliser le dispositif du PSC sur les marchés financiers internationaux. Dans ce contexte, les investisseurs se reportent en général sur les avis des Agences de notations financières pour évaluer la réalité de la soutenabilité des dettes des États. Ce sont en définitive les marchés financiers qui ont contraint les États membres de la zone Euro à la discipline budgétaire. Ce sont en effet les notes attribuées par les Agences de notations financières (Standard & Poor's, Moody's, Fitch ratings) qui ont réellement contraint les États membres de l'UEM, en situation de déficits excessifs, à adopter des mesures budgétaires correctives.

Déficits et dettes publics en zone Euro

	Déficit public en % PIB Limite de référence -3 %				**Dette publique en % PIB Limite de référence 60 %**		
	2008	**2009**	**2010**	**2011**	**2008**	**2009**	**2010**
Ensemble UE	-2,30	**-6,90**	**-6,60**	**-3,20**	**61,50**	**73,20**	**85,40**
Ensemble zone Euro	-2,00	**-6,40**	**-6,20**	-3,00	**69,30**	**78,20**	**80,20**
Allemagne	-0,06	**-3,21**	**-4,28**	-1,30	**65,62**	**73,37**	**81,73**
Autriche	-1,00	**-4,15**	**-4,38**	**-3,40**	**61,05**	**67,67**	**70,48**
Belgique	-1,30	**-5,85**	**-4,19**	**-3,60**	**88,05**	**95,70**	**96,12**
Espagne	**-4,49**	**-11,18**	**-9,34**	**-6,60**	39,80	53,42	60,67
Finlande	**4,25**	-2,71	-2,83	-1,00	33,37	42,46	47,44
France	**-3,34**	**-7,57**	**-7,08**	**-5,80**	**68,07**	**78,89**	**82,24**
Grèce	**-9,91**	**-15,79**	**-10,76**	**-8,90**	**112,27**	**128,77**	**142,24**
Irlande	**-7,33**	**-14,19**	**-31,31**	**-10,30**	44,10	**65,60**	**94,90**
Italie	-2,67	**-5,36**	**-4,51**	**-4,00**	105,58	**115,33**	**118,25**
Luxembourg	3,02	-0,90	-1,06	-0,60	13,68	14,78	19,05
Pays-Bas	0,49	**-5,55**	**-5,00**	**-4,30**	56,56	57,93	60,35
Portugal	**-3,71**	**-10,17**	**-9,79**	**-5,80**	**66,30**	**77,40**	**93,30**

Sources Commission européenne, BCE

La crise grecque : une illustration des insuffisances du PSC

La crise grecque s'est déclarée au premier semestre de l'année 2010. Elle s'inscrit dans la crise économique et financière internationale qui s'est déclenchée aux États-Unis durant le deuxième semestre de l'année 2008. En 2009, le PIB de la zone Euro a baissé d'environ 4 %, les déficits publics se sont considérablement creusés (-6,4 %), et les dettes publiques ont fortement augmenté (78,2 %, Voir Tableau ci-dessus).

Dans cette conjoncture de crise internationale, la dégradation des indicateurs macroéconomiques de la Grèce s'est accélérée. Son déficit public est passé de 9,9 % de son PIB à 15,8 % ; et son endettement public est passé de 112,2 % du PIB à 128,8 %.

Face à cette dégradation des finances publiques grecques, et à l'inefficacité du dispositif préventif du PSC, les Agences de notation financière ont dégradé la note de la dette publique grecque. En d'autres termes, ces Agences ont émis des doutes sur la capacité de la Grèce à rembourser ses dettes souveraines. Ces doutes ont eu pour effet d'aggraver la situation financière de la Grèce, en alourdissant le service de sa dette publique, à tel point qu'en 2010 la Grèce s'est retrouvée en grandes difficultés pour honorer ses engagements financiers, sans l'aide des autres pays de la zone Euro. Aux mois de mai et novembre 2010, des plans de sauvetage économique et financier ont été conçus et adoptés pour ce pays afin d'éviter que sa faillite (cessation de paiement) ne se propage, à travers la faillite induite de ses créanciers européens (Établissements bancaires), à l'ensemble des autres pays de la zone Euro, et notamment à l'Espagne et au Portugal qui étaient également en situation de grande fragilité financière. En 2011, l'Italie s'est également retrouvée dans la même situation, après la dégradation de la note de sa dette publique. En contrepartie de ce sauvetage, la Grèce a adopté un programme d'ajustement structurel pour assainir ses finances publiques.

La réforme du dispositif européen de coopération budgétaire

Face à l'échec du dispositif prudentiel du PSC, les États de l'UEM ont entrepris de le réformer pour renforcer leur coopération budgétaire et économique. Le choix du fédéralisme budgétaire est toujours exclu. Les États membres préfèrent l'option d'un renforcement de la surveillance multilatérale des finances publiques, et l'institution d'un nouveau mécanisme de stabilité.

Au niveau du volet préventif du PSC, ils sont convenus de faire d'EUROSTAT, l'institut statistique européen, le juge et le garant de la fiabilité des informations économiques transmises par les États membres à la Commission européenne. En matière de fiabilité et de transparence des informations budgétaires notamment, l'objectif recherché est, en particulier, d'harmoniser les concepts de référence au niveau européen, et d'établir des normes de présentation communes pour les comptes publics.

S'agissant du renforcement de la surveillance multilatérale des finances publiques, ils sont convenus d'adopter à l'échelle de l'UEM, le principe de *politique budgétaire prudente* selon lequel, le taux de croissance des dépenses publiques prévu dans les programmes de stabilité économique, fournis annuellement par les États membres à la Commission européenne pour avis, doit être indexé sur un taux de croissance du PIB à moyen terme jugé prudent. Ils doivent dans ce cadre s'engager à équilibrer leur budget respectif sur un cycle économique.

Il a par ailleurs été décidé de rendre le PSC plus contraignant en lui donnant une valeur juridique qui garantisse son respect scrupuleux par les États membres de l'UEM. Les règles du PSC, et notamment la *règle d'or* du déficit public, seront à l'avenir constitutionnalisées (ou inscrites dans des textes de grande valeur juridique) à l'exemple de l'Allemagne qui, au mois d'août 2009, a introduit dans sa Loi fondamentale deux dispositions budgétaires contraignantes qui doivent prendre effet en 2016 et 2020.

La première disposition concerne le déficit structurel (déficit corrigé des effets transitoires de la conjoncture) de l'État fédéral. Il est prévu qu'à partir de l'année 2016, ce déficit soit inférieur ou égal à 0,35 % du PIB allemand. Pour parvenir à ce résultat, l'Allemagne est contrainte depuis 2011 à réduire son déficit budgétaire d'environ 10 milliards d'euros par an jusqu'en 2016, ce qui a pour effet de réduire mécaniquement l'encours de sa dette publique.

La deuxième disposition concerne les États fédérés (*Länder*). Il est prévu de rétablir l'équilibre structurel des comptes de tous les *Länder* à partir de l'année 2020.

Dans la perspective de renforcer la surveillance budgétaire multilatérale, la Commission européenne a par ailleurs proposé d'instituer le Semestre européen de coordination des politiques économiques. Il s'agit en fait de formaliser, ou d'institutionnaliser au niveau européen, le processus d'élaboration des politiques budgétaires des États membres, de telle sorte que la coordination se fasse en amont, c'est-à-dire avant le vote du budget par les parlements nationaux.

Dans le schéma ci-dessous, le premier semestre de l'année civile (Semestre européen) est consacré à la coordination européenne des politiques budgétaires et économiques. Au mois de janvier la Commission est chargée de produire une analyse économique sur les perspectives de croissance à court terme au sein de l'UEM.

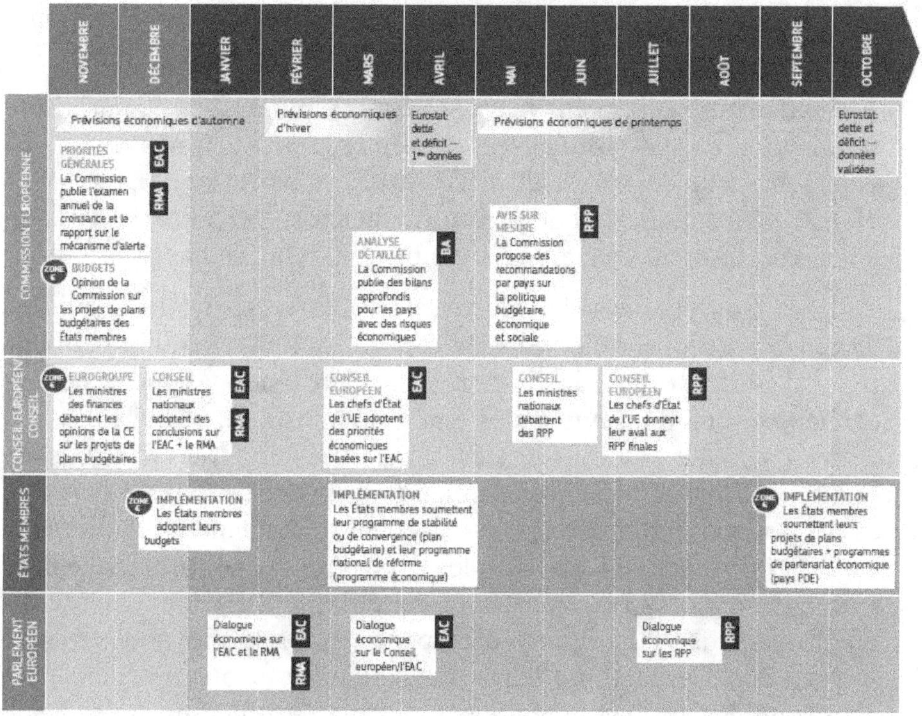

EAC : Examen annuel de la croissance (Priorités économiques générales pour l'UE) **RMA** : Rapport sur le mécanisme d'alerte (Système de dépistage des risques économiques) - **RPP** : Recommandations par pays - **PDE** : Procédure pour déficit excessif - **BA** : Bilans approfondis - Source : Commission européenne

À la fin du mois de février, le Conseil européen (ECOFIN) arrête des orientations stratégiques sur les politiques économiques et sociales à suivre. Au mois d'avril, les États membres soumettent les programmes de stabilité ou de convergence, et les programmes nationaux de réformes qu'ils ont élaborés en fonction de ces orientations stratégiques. Au début du mois de juillet, le Conseil émet des orientations politiques pour chaque État membre. Au cours du second semestre, chaque État membre arrête son budget définitif selon les modalités prévues par les législations nationales.

S'agissant du volet correctif, les propositions de réformes portent essentiellement sur l'application et l'efficacité des sanctions prévues dans le PSC. À ce sujet, il est convenu de l'automaticité de la procédure de déficit excessif sous réserve de l'opposition déclarée d'un État membre. Les mesures correctives sont laissées à l'appréciation de chaque membre de l'UEM signataire du PSC.

Le rôle d'arbitre est dorénavant confié à la Cour de Justice européenne qui dispose de la prérogative d'infliger des sanctions financières jusqu'à hauteur de 0,1 % du PIB du pays contrevenant. Les propositions relatives aux sanctions non financières, à l'exemple de la suspension du droit de vote au pays contrevenant, n'ont pas prospéré.

Enfin, le Conseil européen de mars 2012 a entériné la création du Mécanisme Européen de Stabilité (MES), qui est opérationnel depuis 2013. Il s'agit d'une institution financière internationale dont les sociétaires sont l'ensemble des États membres de la zone Euro. Sa mission est de mobiliser des fonds et de fournir, sous des conditionnalités de politiques économiques, une assistance financière à ses membres qui connaissent, ou risquent de connaître des problèmes graves de financement susceptibles d'affecter la stabilité financière de la zone Euro dans son ensemble. À cette fin, le MES, qui dispose d'un capital social de 700 milliards d'euros, est autorisé à lever des fonds en émettant des emprunts sur les marchés financiers, ou en concluant des accords ou des arrangements financiers avec ses membres, des institutions financières ou d'autres tiers. L'assistance financière prend la forme d'un prêt à court et moyen terme à un taux préférentiel. La conditionnalité du prêt renvoie à des contraintes de politiques économiques, notamment en matière budgétaire, fiscale et sociale, qui sont imposées aux demandeurs dans le cadre de programme d'ajustement macroéconomique, et sur la base d'une analyse de la soutenabilité de leur endettement public.

La soutenabilité de la dette publique

L'État, comme tous les agents économiques, est soumis à une contrainte budgétaire. Il couvre ses dépenses avec ses ressources fiscales et ses emprunts sur les marchés financiers. Lorsqu'il n'est pas en mesure de rembourser sa dette avec ses ressources propres, la question de la soutenabilité de sa dette est posée. Cette question renvoie ainsi à la capacité d'un État à faire face, de façon autonome, aux obligations financières de son endettement. Autrement dit, la question de la soutenabilité de la dette publique renvoie à celle de la solvabilité d'un État.

La dynamique de la dette publique

L'endettement de l'État est induit par son déficit budgétaire :

$$DBG_t = DBP_t - R \times B_{t-1}$$

DBG_t est le déficit budgétaire global en valeur sur la période courante ; DBP_t le déficit budgétaire primaire en valeur sur la même période ; R le taux d'intérêt nominal ; B_{t-1} l'encours de la dette publique en valeur en début de période courante.

Un déficit budgétaire est synonyme pour l'État d'un endettement du même montant :

$$B_t - B_{t-1} = |DBG_t| = R \times B_{t-1} - DBP_t$$

$$B_t = (1 + R)B_{t-1} - DBP_t$$

Notons b_t le taux d'endettement courant de l'État ; P_tY_t le PIB en valeur ; $\dot{p}$ et $\dot{y}$ les taux d'inflation et de croissance du PIB réel.

$$b_t = \frac{B_t}{P_tY_t} = (1 + R)\frac{B_{t-1}}{P_tY_t} - \frac{DBP_t}{P_tY_t}$$

$$b_t = \frac{(1 + R)}{(1 + \dot{p})(1 + \dot{y})}b_{t-1} - dbp_t$$

$$b_t \cong \frac{(1 + R)}{(1 + \dot{p} + \dot{y})}b_{t-1} - dbp_t$$

$$b_t \cong (1 + R - \dot{p} - \dot{y})b_{t-1} - dbp_t$$

$$b_t \cong (1 + r - \dot{y})b_{t-1} - dbp_t$$

$r = R - \dot{p}$ taux d'intérêt réel ; dbp_t déficit budgétaire primaire en pourcentage du PIB.

Cette relation décrit la dynamique de la dette publique. Elle met en relation le taux d'endettement de l'État et son déficit budgétaire primaire. Il apparaît, à travers cette relation, que l'endettement public est influencé par le niveau antérieur de la dette, le déficit budgétaire primaire courant, et l'écart entre le taux d'intérêt et le taux de croissance économique.

La soutenabilité de la dette publique

Si l'écart entre le taux d'intérêt et le taux de croissance est positif ($r > \dot{y}$), l'État est contraint de s'endetter aujourd'hui pour rembourser ses emprunts passés. Dans ce cas de figure, la dynamique de la dette publique est explosive (*« effet boule de neige »*) et la question de la soutenabilité de la dette publique se pose. Pour ne pas compromettre la solvabilité de l'État, c'est-à-dire, sa capacité à faire face à ses engagements financiers à terme, il faut, dans ce cas de figure, qu'il accumule des excédents budgétaires primaires pour stabiliser son taux d'endettement.

Si l'écart entre le taux d'intérêt et le taux de croissance est négatif ($r < \dot{y}$), le taux d'endettement diminue mécaniquement dans le temps, dans la mesure où les charges d'intérêt sur la dette publique augmentent moins vite, en termes réels, que la richesse réelle de l'économie. Dans ce cas de figure, la question de la soutenabilité de la dette publique, et donc celle de l'insolvabilité de l'État, ne se pose pas.

La préoccupation importante de l'État en matière d'endettement est de veiller à préserver sa solvabilité, c'est-à-dire sa capacité à faire face de façon autonome à ses engagements financiers. Pour ce faire, il doit veiller à stabiliser son taux d'endettement à un niveau « soutenable ».

Pour stabiliser le taux d'endettement à niveau $\bar{b}$ quelconque, indépendamment du taux d'intérêt et du taux de croissance, le déficit budgétaire primaire en pourcentage du PIB doit être le suivant :

$$|dbp_t| = (\dot{y} - r)\bar{b}$$

$(\dot{y} - r)\bar{b}$ est le déficit budgétaire primaire en pourcentage du PIB qui stabilise le taux d'endettement public. On l'appelle le déficit budgétaire primaire d'équilibre.

Un déficit budgétaire primaire d'équilibre de 3 %, et un taux d'endettement de 60 %, qui sont les normes de référence du PSC, supposent un écart de 5 % entre le taux de croissance économique et le taux d'intérêt réel. Autrement dit, pour préserver la solvabilité des États membres de la zone Euro, le PSC autorise un niveau de déficit public en pourcentage du PIB, et de taux d'endettement qui leur permet par exemple, de réaliser un taux de croissance de 6 %, dans un contexte où le niveau du taux d'intérêt réel est de 1 %.

Avec un taux d'intérêt réel de 1,0 %, et un taux de croissance économique de 3,0 %, le déficit budgétaire primaire en pourcentage du PIB devrait être limité à 1,2 %, pour stabiliser le taux d'endettement au niveau de 60 %. Dans ce cas de figure, si le déficit budgétaire primaire en pourcentage du PIB est ≤ 1,2 %, le taux d'endettement décline progressivement, et la dette publique est soutenable à terme. Si le déficit budgétaire primaire en pourcentage du PIB est ≥ 1,2 %, le taux d'endettement augmente progressivement, et la dette devient insoutenable à terme.

Exercice corrigé

(Cet exercice est extrait de Varoudakis A. (1994) Cf. Bibliographie)

On considère une union économique constituée de deux pays A et B en situation d'interdépendance. L'administration de chaque pays de l'union conduit la politique macroéconomique qui lui permet de réaliser son objectif interne de revenu. Pour simplifier, nous considérons que les administrations respectives contrôlent directement leurs revenus qui sont assimilés à des instruments dont le maniement détermine les soldes courants. Les fonctions objectifs des administrations respectives sont des fonctions de perte ainsi définies :

$$\psi_A = \frac{1}{2}(y_A^2 + SBT_A^2)$$

$$\psi_B = \frac{1}{2}(y_B^2 + SBT_B^2)$$

$$SBT_A = \alpha(y_B - y_A) - u$$

$$SBT_B = \alpha(y_A - y_B) - u$$

ψ_A et ψ_B définissent, pour les pays A et B, les fonctions de perte à minimiser ; $y_A = Y^A - Y_{PE}^A$ et $y_B = Y^B - Y_{PE}^B$ sont les écarts de revenus effectifs aux revenus de plein emploi ; SBT_A et SBT_B sont les soldes courants des pays A et B membres de l'union, u représente les chocs exogènes qui affectent de façon identique les soldes courants des deux pays membres de l'union. En l'absence de ces chocs exogènes ($u = 0$), on a $SBT_A = -SBT_B$. Les administrations respectives manipulent ainsi leurs revenus effectifs dans la perspective d'atteindre leur revenu de plein emploi et l'équilibre externe. Les programmes d'optimisation des administrations des pays membres de l'union économiques sont les suivants :

$$\begin{cases} \underset{y_A}{Min} \quad \psi_A = \frac{1}{2}(y_A^2 + SBT_A^2) \\ SBT_A = \alpha(y_B - y_A) - u \end{cases}$$

$$\begin{cases} \underset{y_B}{Min} \quad \psi_B = \frac{1}{2}(y_B^2 + SBT_B^2) \\ SBT_B = \alpha(y_A - y_B) - u \end{cases}$$

Questions

1. Déterminer les optimums absolus O_A (pays A) et O_B (pays B) de chacun des membres de l'union économique.
2. Calculer et commenter les pertes ψ_A et ψ_B associées aux optimums absolus respectifs.
3. Ces optimums absolus sont-ils réalisables ?
4. Déterminer les fonctions de réaction des pays A et B membres de l'union en l'absence de coopération entre eux.
5. Déterminer et commenter l'équilibre de Nash.
6. Est-il possible que les pays A et B, membres de l'union économique, améliorent leur situation respective issue de l'équilibre de Nash ? Justifier la réponse.

Corrigé

1. & 2.

Les optimums absolus O_A et O_B sont les solutions des programmes d'optimisation non contrainte suivants :

$$\begin{cases} \underset{y_A\, y_B}{Min} & \psi_A = \frac{1}{2}(y_A^2 + SBT_A^2) \\ & = \frac{1}{2}[y_A^2 + \alpha^2(y_B - y_A)^2 - 2\alpha(y_B - y_A)u + u^2] \end{cases}$$

$$\begin{cases} \underset{y_B\, y_A}{Min} & \psi_B = \frac{1}{2}(y_B^2 + SBT_B^2) \\ & = \frac{1}{2}[y_B^2 + \alpha^2(y_A - y_B)^2 - 2\alpha(y_A - y_B)u + u^2] \end{cases}$$

À l'optimum de chacun de ces programmes, on a :

$$\begin{cases} \frac{\partial \psi_A}{\partial y_A} & = \frac{1}{2}[2y_A - 2\alpha^2(y_B - y_A) + 2\alpha u] = 0 \\ \frac{\partial \psi_A}{\partial y_B} & = \frac{1}{2}[-2\alpha^2(y_B - y_A) - 2\alpha u] = 0 \end{cases}$$

pour le pays *A*

$$\begin{cases} \frac{\partial \psi_B}{\partial y_B} & = \frac{1}{2}[2y_B - 2\alpha^2(y_A - y_B) + 2\alpha u] = 0 \\ \frac{\partial \psi_B}{\partial y_A} & = \frac{1}{2}[2\alpha^2(y_A - y_B) - 2\alpha u] = 0 \end{cases}$$

pour le pays *B*

La résolution de ces deux systèmes d'équations débouche sur les résultats suivants :

$$\begin{cases} y_A = 0 \\ y_B = \frac{1}{\alpha}u > 0 \\ SBT_A = 0 \\ SBT_B = -2u < 0 \\ \psi_A = 0 \\ \psi_B = \frac{1}{2}\frac{1+4\alpha^2}{\alpha^2}u^2 > 0 \end{cases} \quad (pour\ A) \qquad \begin{cases} y_B = 0 \\ y_A = \frac{1}{\alpha}u > 0 \\ SBT_B = 0 \\ SBT_A = -2u < 0 \\ \psi_B = 0 \\ \psi_A = \frac{1}{2}\frac{1+4\alpha^2}{\alpha^2}u^2 > 0 \end{cases} \quad (pour\ B)$$

Dans chacun de ces cas de figure, on fait l'hypothèse que l'administration, qui optimise, fixe à la fois son propre revenu effectif et celui de son partenaire au sein de l'union. Dans cette hypothèse, l'administration, qui optimise, fixe son revenu effectif au niveau de son revenu de plein emploi, et utilise le revenu effectif de son partenaire pour réaliser son objectif d'équilibre externe. Elle ne subit aucune perte à l'inverse de son partenaire qui enregistre des pertes. En fait, dans cette configuration, l'administration qui optimise, réalise ses objectifs macroéconomiques aux dépens de ceux de son partenaire au sein de l'union.

Les optimums absolus O_A et O_B ne sont pas simultanément réalisables. L'optimum absolu de l'un des pays membres de l'union est en effet atteint pour des valeurs de revenus effectifs incompatibles avec celles qui sont nécessaires pour l'optimum absolu de l'autre membre de l'union. Les optimums absolus O_A et O_B révèlent de ce fait un conflit d'intérêts entre les pays membres de l'union. Ils reposent par ailleurs sur l'hypothèse irréaliste selon laquelle un pays membre de l'union détermine à la fois son revenu effectif et celui de son partenaire au sein de l'union.

On suppose que chaque pays membre de l'union fixe uniquement son propre revenu effectif, conditionnellement à celui de son partenaire au sein de l'union. Autrement dit, les deux pays membres de l'union ne coordonnent pas leurs actions pour réaliser leurs objectifs macroéconomiques respectifs. Dans cette configuration non coopérative, les programmes d'optimisation sont les suivants :

$$\begin{cases}\underset{y_A}{Min} & \psi_A = \frac{1}{2}(y_A^2 + SBT_A^2) \\ & = \frac{1}{2}[y_A^2 + \alpha^2(y_B - y_A)^2 - 2\alpha(y_B - y_A)u + u^2]\end{cases}$$

$$\begin{cases}\underset{y_B}{Min} & \psi_B = \frac{1}{2}(y_B^2 + SBT_B^2) \\ & = \frac{1}{2}[y_B^2 + \alpha^2(y_A - y_B)^2 - 2\alpha(y_A - y_B)u + u^2]\end{cases}$$

Les fonctions de réaction respectives sont les solutions des programmes d'optimisation ci-dessus. Chaque fonction de réaction donne le choix optimal du pays concerné conditionnellement à celui de son partenaire au sein de l'union.

À l'optimum des programmes d'optimisation précédents, on a :

$$\begin{cases}\frac{\partial \psi_A}{\partial y_A} & = \frac{1}{2}[2y_A - 2\alpha^2(y_B - y_A) + 2\alpha u] = 0 \quad \textit{pour le pays A}\end{cases}$$

$$\begin{cases}\frac{\partial \psi_B}{\partial y_B} & = \frac{1}{2}[2y_B - 2\alpha^2(y_A - y_B) + 2\alpha u] = 0 \quad \textit{pour le pays B}\end{cases}$$

On obtient ainsi les deux fonctions de réaction suivantes :

$$\begin{cases} y_A = \frac{\alpha}{1+\alpha^2}(\alpha y_B - u) \quad \textit{(pour A)}\end{cases}$$

$$\begin{cases} y_B = \frac{\alpha}{1+\alpha^2}(\alpha y_A - u) \quad \textit{(pour B)}\end{cases}$$

L'équilibre de Nash correspond à la solution de la configuration non coopérative décrite ci-dessus. Cet équilibre est donc la solution du système comportant les fonctions de réaction obtenues à la question précédente :

$$\begin{cases} y_A = \dfrac{\alpha}{1+\alpha^2}(\alpha y_B - u) \\ \\ y_B = \dfrac{\alpha}{1+\alpha^2}(\alpha y_A - u) \end{cases}$$

$$\Rightarrow \begin{cases} y_A = -\alpha u < 0 \\ \\ y_B = -\alpha u < 0 \end{cases}$$

$$\Rightarrow \begin{cases} SBT_A = -u < 0 \\ \\ SBT_B = -u < 0 \end{cases}$$

$$\Rightarrow \begin{cases} \psi_A = \dfrac{1}{2}(1+\alpha^2)u^2 > 0 \\ \\ \psi_B = \dfrac{1}{2}(1+\alpha^2)u^2 > 0 \end{cases}$$

L'équilibre non coopératif de Nash débouche ainsi sur une solution de politique macroéconomique réalisable où chaque membre de l'union enregistre des pertes. Bien que réalisable, à l'inverse des optimums absolus, cette solution est économiquement sous-optimale.

L'équilibre non coopératif de Nash est « Pareto améliorable ». En d'autres termes il existe des solutions pour lesquelles chacun des pays membres de l'union enregistre des pertes inférieures à celles de l'équilibre de Nash. C'est notamment le cas lorsque les pays membres de l'union s'inscrivent dans une logique coopérative en matière de politique macroéconomique. La forme de coopération la plus achevée est de définir une fonction objectif au niveau collectif et de confier son optimisation à une instance « supranationale » qui a en charge l'intérêt commun.

$$\begin{cases} \underset{y_A\, y_B}{Min} \quad \Phi(y_A, y_B) = \dfrac{\lambda}{2}(y_A^2 + SBT_A^2) + \dfrac{1-\lambda}{2}(y_B^2 + SBT_B^2) \\ \\ 0 < \lambda < 1 \end{cases}$$

Le paramètre λ mesure le poids (ou le pouvoir de négociation) du pays A au sein de l'union. $\lambda = \frac{1}{2}$ si on considère que les deux pays membres de l'union ont le même poids. Dans cette hypothèse le programme ci-dessus se réécrit de la façon suivante :

$$\begin{cases} \underset{y_A\, y_B}{Min} \quad \Phi = \quad \frac{1}{4}[y_A^2 + \alpha^2(y_B - y_A)^2 - 2\alpha(y_B - y_A)u + u^2] \\ \qquad\qquad\qquad + \frac{1}{4}[y_B^2 + \alpha^2(y_A - y_B)^2 - 2\alpha(y_A - y_B)u + u^2] \end{cases}$$

À l'optimum de ce programme, on a :

$$\begin{cases} \frac{\partial \Phi}{\partial y_A} = \frac{1}{4}[2y_A - 2\alpha^2(y_B - y_A) + 2\alpha^2(y_B - y_A) + 2\alpha u - 2\alpha u] = 0 \\ \frac{\partial \Phi}{\partial y_B} = \frac{1}{4}[2y_B - 2\alpha^2(y_B - y_A) + 2\alpha^2(y_B - y_A) - 2\alpha u + 2\alpha u] = 0 \end{cases}$$

$$\Rightarrow \quad \begin{cases} y_A = 0 \\ y_B = 0 \end{cases} \qquad \begin{cases} SBT_A = -u < 0 \\ SBT_B = -u < 0 \end{cases}$$

$$\begin{cases} \psi_A = \frac{u^2}{2} < \frac{1 + 4\alpha^2}{\alpha^2}\frac{u^2}{2} \\ \psi_B = \frac{u^2}{2} < \frac{1 + 4\alpha^2}{\alpha^2}\frac{u^2}{2} \end{cases}$$

On constate que cette solution coopérative, qui est réalisable, est mutuellement profitable. Elle permet à chaque pays membre de l'union d'enregistrer des pertes inférieures à celles qu'il subit dans une configuration non coopérative.

CHAPITRE VII

LA CRISE FINANCIÈRE ET ÉCONOMIQUE DE 2008 ET LES POLITIQUES KEYNÉSIENNES DE RELANCE

La crise financière internationale de 2008

Les premières manifestations de la crise

La crise financière internationale, c'est-à-dire, la chute généralisée des capitalisations boursières et ses effets induits sur l'activité économique et l'emploi au niveau mondial, se révèle au grand public durant l'été 2007 aux États-Unis. La principale alerte, qui marque le début de cette crise, est donnée le 6 août 2007, lorsque l'*American Home Mortgage Investment Corporation* (AHMI), le 10e établissement américain de crédits immobiliers hypothécaires aux particuliers, sollicite et obtient le bénéfice du chapitre XI de la loi fédérale sur les faillites d'entreprises aux États-Unis.

Cette alerte, concernant un établissement de crédit ayant une clientèle plutôt peu risquée, permet aux grandes banques internationales, et aux gros investisseurs (Fonds spéculatifs - *Hedge Funds*, Fonds institutionnels, Fonds souverains, Banques d'investissement) sur les marchés financiers mondialisés, de prendre conscience de leur précarité financière, en raison de la dégradation de la qualité d'une partie importante de leurs actifs, et de leur niveau élevé d'exposition au risque de défaut. Leurs portefeuilles d'actifs intègrent en effet à cette date une part non négligeable de titres, et de dérivés de titres, émis à l'occasion d'opérations de titrisation de lots de prêts immobiliers hypothécaires à haut rendement (*subprimes*) accordés à des emprunteurs américains à risque de défaut élevé. Ces prêts immobiliers hypothécaires constituent, à cette période, la part la plus importante des crédits dits *subprimes*.

Les risques attachés à la détention de titres adossés aux crédits immobiliers *subprimes*, se sont considérablement accrus depuis le début de la remontée des taux d'intérêt en 2004 (Graphique 7.1), et la multiplication induite des défauts des emprunteurs quelques trimestres plus tard (Graphique 7.2). Cette conjoncture de défauts sur le marché américain des crédits immobiliers a fragilisé l'équilibre financier des *véhicules de titrisation*, et des banques génératrices de crédits titrisés. Des besoins importants de financement sont nés de cette conjoncture, précisément au moment où la qualité des signatures des *véhicules de titrisation* et des établissements bancaires se dégradait sur les marchés financiers. Plusieurs banques se sont ainsi retrouvées en difficulté, pour honorer leurs engagements, et se conformer aux règles comptables prudentielles recommandées par le Comité de Bâle.

Dans un premier temps, cette conjoncture de demande excédentaire de fonds sur les marchés financiers et monétaires est assimilée à une *crise de liquidité*, surtout dans leurs compartiments interbancaires. C'est l'hypothèse retenue pour la société britannique de crédit immobilier *Northern Rock* au cours de l'année 2007. Elle est en définitive nationalisée le 18 février 2008 pour faire face à ses difficultés de liquidités.

À la suite de la prolifération de supports difficiles à valoriser (Actifs titrisés) et d'opérateurs non transparents (Fonds spéculatifs) sur les marchés financiers, des *asymétries d'informations* se seraient développées entre établissements prêteurs et emprunteurs. D'où l'hypothèse première de rationnement des liquidités lié à la méfiance (*aversion au risque*) et à la prévention des comportements opportunistes des établissements emprunteurs (*aléa moral*).

Dans un second temps, cette conjoncture révèle plutôt, comme c'était prévisible, une *crise d'insolvabilité*, c'est-à-dire, des situations de faillites non déclarées d'établissements financiers de très grande taille, avec de ce fait, des risques réels de contagion de la faillite à l'ensemble du système bancaire international.

Federal Funds Rate (Fed – Open Market Operations)

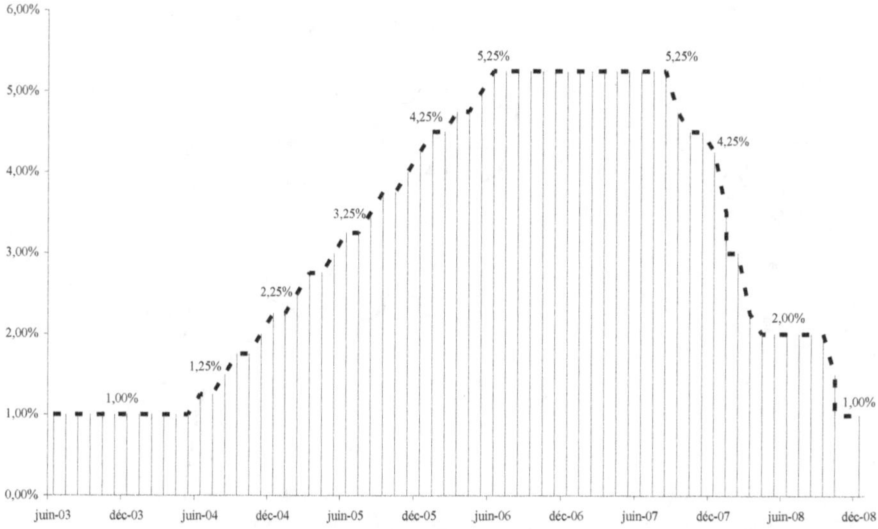

Graphique 7.1

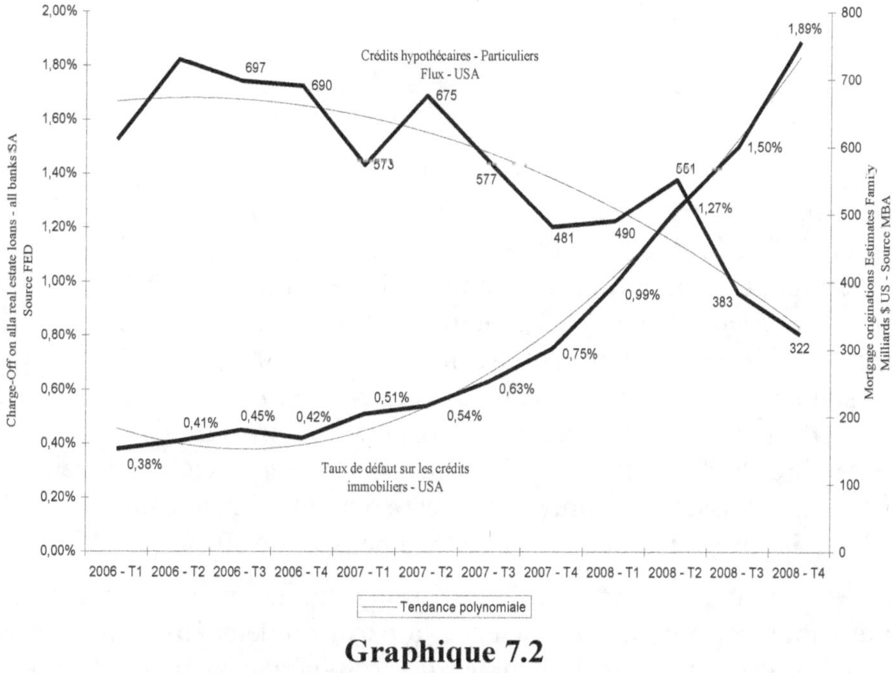

Graphique 7.2
Crédits hypothécaires – Particuliers (USA)

Cours boursiers
(USA – EUROPE – JAPON)

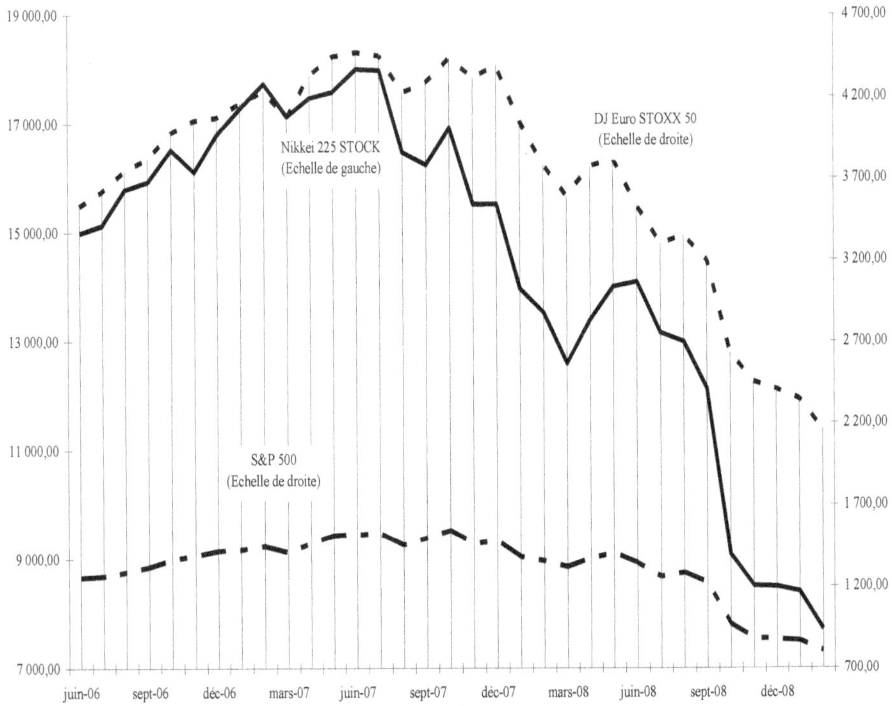

Graphique 7.3

Lehman Brothers, une grande banque d'affaires américaine, est déclarée en faillite le 15 septembre 2008. Le même jour, *Merrill Lynch*, une autre grande banque d'affaires américaine est rachetée par la *Bank of America. Bearn Stearns*, une autre grande banque d'affaires américaine, aurait subi le même sort au mois de mars 2008, si elle n'avait pas été soutenue par la banque centrale américaine (*Federal Reserve Board* – FED) et rachetée ensuite par la banque *JP Morgan Chase*. Le 16 septembre 2008, l'*American International Group* (*AIG*), la première entreprise d'assurance américaine, est soutenue financièrement par la FED qui rentre aussi dans son capital à hauteur de 80 %.

Face à ces évènements, les investisseurs sur les marchés financiers internationaux prennent conscience, à partir du deuxième semestre de l'année 2007, de la réalité du *risque systémique* auquel est exposé l'ensemble du système financier international. Cette prise de conscience détermine un mouvement important de vente d'actifs, qui initialise la chute des cours sur les marchés boursiers internationaux (Graphique 7.3).

La finance structurée en cause

La technique de la titrisation est née aux États-Unis en 1970, à l'initiative de la *Government National Mortgage Association* (*Ginnie Mae*), un établissement financier public, spécialisé dans la gestion et la promotion des crédits immobiliers hypothécaires garantis par l'État fédéral. *Ginnie Mae* est créée en 1968, à la suite de la réorganisation du marché immobilier hypothécaire géré par l'État américain. Sa mission est de gérer les crédits immobiliers hypothécaires, garantis par l'État fédéral dans le cadre de ses programmes de soutien aux logements sociaux. En 1970, *Ginnie Mae* lance ses premières opérations de titrisation de crédits immobiliers hypothécaires, garantis par l'État fédéral.

La technique de titrisation s'est ensuite développée aux États-Unis à travers les activités de la *Federal National Mortgage Association* (*Fannie Mae*), et de la *Federal Home Loan Mortgage Corporation* (*Freddie Mac*), qui sont les deux organismes de refinancement (rachat et/ou titrisation) de crédits hypothécaires que l'État fédéral américain mobilise dans la régulation des marchés secondaires des prêts immobiliers hypothécaires. *Fannie Mae* est un établissement de droit privé créé en 1938. Il bénéficie de la garantie de l'État fédéral en contrepartie de certaines obligations d'intérêt public en matière de logements sociaux. *Freddie Mac* est un établissement de droit public créé en 1970. Il est spécialisé dans la titrisation des crédits immobiliers hypothécaires bénéficiant de la garantie de l'État fédéral. *Fannie Mae* et *Freddie Mac* forment les GSEs (*Government Sponsored Enterprises*) aux États-Unis. En Europe la titrisation s'est répandue à partir du milieu des années 1990, surtout en Angleterre.

La titrisation

À l'origine, la titrisation est un procédé destiné à transformer un actif non négociable (illiquide) sur les marchés financiers, en titres négociables (liquides) sur ces marchés. L'intérêt économique de cette technique est, principalement pour les banques, la mobilisation de liquidités sur les marchés financiers, et la limitation de leur exposition au risque de défaut, malgré le développement du volume des crédits distribués. Ce procédé leur permet en effet, de transférer aux investisseurs sur les marchés de capitaux, une partie des crédits qu'elles distribuent avec les risques associés. Les banques peuvent ainsi, par la titrisation, développer leur activité de crédit et leurs revenus, sans accroître leur prise de risque conformément au modèle *Originate-and-Distribute*.

En pratique, dans le cadre d'une opération de titrisation, une banque regroupe certains de ses actifs homogènes non négociables, comme par exemple, l'ensemble des crédits immobiliers hypothécaires qu'elle a distribués. Dans cet exemple, le regroupement forme un portefeuille de crédits immobiliers hypothécaires, dont la valeur est le montant des encours cumulés des crédits immobiliers hypothécaires distribués par la banque. Celle-ci entreprend ensuite de céder ses droits sur ce portefeuille à un intermédiaire créé spécialement pour l'opération. Une fois créé, cet intermédiaire *ad hoc* émet des titres négociables sur les marchés financiers, du montant de la valeur du portefeuille des crédits immobiliers hypothécaires. Le crédit financier de ces intermédiaires *ad hoc*, sur le marché des capitaux où ils lèvent les fonds, repose sur la qualité du portefeuille d'actifs à titriser, et non sur leur situation financière propre. Les intermédiaires *ad hoc*, ou *véhicules de titrisation* sont : les Fonds communs de créances (FCC) ou Fonds commun de titres (FCT) en France ; les *Special purpose vehicle* (SPV) ou *Special purpose company* (SPC) aux États-Unis.

Pour des raisons de rentabilité, les intermédiaires *ad hoc* sont souvent domiciliés sur des places *offshore*. Mais ils réalisent l'essentiel de leurs transactions sur les places financières *onshore*.

Les fonds levés sur les marchés financiers permettent à l'intermédiaire *ad hoc* de financer l'achat du portefeuille de crédits immobiliers de la banque. Au terme de l'opération, les investisseurs sur les marchés financiers, disposent dans leurs portefeuilles d'actifs, des titres de créances négociables, représentatifs (adossés) d'un portefeuille de crédits immobiliers hypothécaires, qui sont des actifs non négociables. Comme tous les titres de créances, ils ouvrent le droit à la perception de revenus (intérêts et principal des prêts immobiliers hypothécaires) à leurs détenteurs. C'est l'illustration d'une opération de titrisation d'un

Titrisation

Modèle *Originate and Distribute*

Processus de génération des crédits immobiliers hypothécaires
Création du risque de défaut (*Originate*)

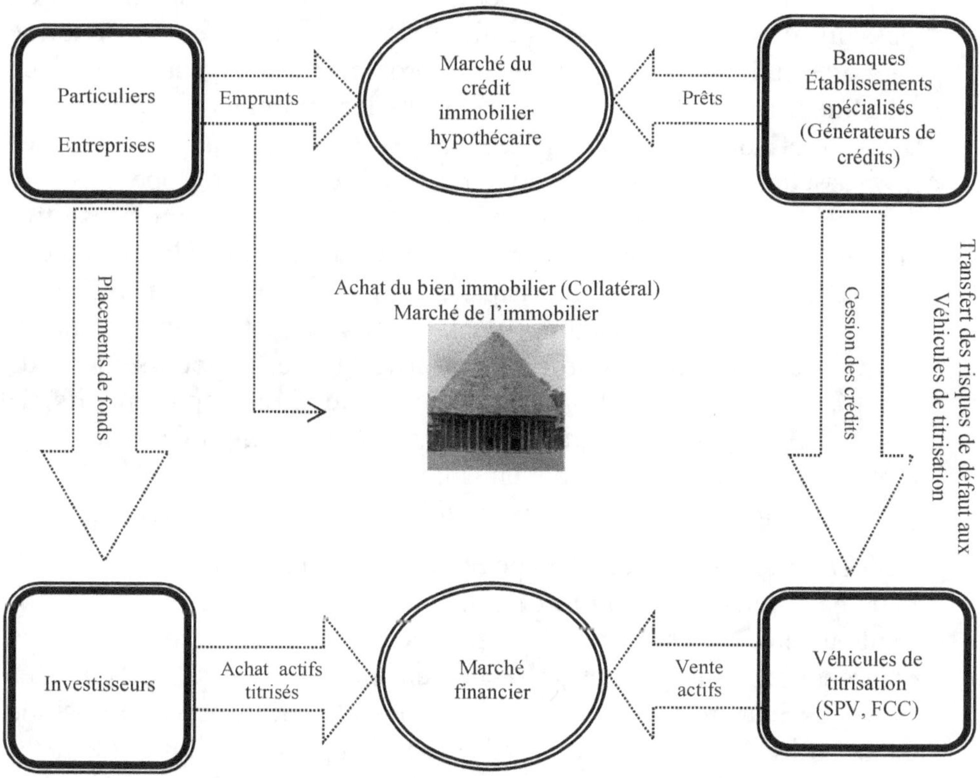

Processus de titrisation et de structuration des crédits hypothécaires
Transfert au marché financier des risques de défaut (*Distribute*)

portefeuille d'actifs initialement non négociables sur un marché financier.

Les titres de créances négociables émis par les intermédiaires *ad hoc* sont souvent des obligations, ou des supports financiers aux caractéristiques proches des obligations. Toutefois, dans l'exemple ci-dessus, la qualité des titres ainsi émis repose principalement sur la valeur marchande des biens immobiliers hypothéqués par la banque, lors de l'octroi des crédits, et non, comme d'ordinaire, sur la santé financière de l'intermédiaire *ad hoc* qui émet ces titres. Dans une titrisation classique, l'ensemble des titres émis par les intermédiaires *ad hoc* forme un portefeuille d'actifs homogènes procurant un niveau unique de rendement à tous les investisseurs. Dans les formules complexes, les titres émis sont *structurés* pour faciliter leur placement auprès des investisseurs, minimiser le coût de financement de l'opération, et extraire des revenus supplémentaires. Dans ce cas de figure, les titres émis sont répartis en plusieurs tranches représentatives de lots de crédits sous-jacents, plus ou moins risqués. Ce procédé permet à la fois de différencier les prix et les rendements associés aux différentes tranches de titres, et de définir des ordres de priorité dans les remboursements de ces tranches : tranche *Senior*, composée de titres représentatifs de crédits peu risqués ; tranche *Mezzanine*, composée de titres représentatifs de crédits moyennement risqués ; tranche *Junior* ou *Equity*, composée de titres représentatifs de crédits à hauts risques.

Les *Senior*, composés de titres peu risqués, ont un rendement peu élevé, mais bénéficient d'un ordre de remboursement prioritaire ; l'ordre de remboursement des *Mezzanine* est subordonné à celui des *Senior*, en contrepartie, ils procurent un rendement plus élevé que les *Senior* en raison de leur niveau de risque. Les *Junior* sont en dernière position dans l'ordre de remboursement. Ils procurent par contre les rendements les plus élevés, puisqu'ils sont composés des titres les plus risqués. Les tranches sont vendues séparément, et valorisées différemment sur les compartiments de gré à gré des marchés financiers.

Des sociétés d'assurance (*Assureurs monoline*) interviennent dans le processus de titrisation, en apportant aux investisseurs une garantie supplémentaire dans le paiement des intérêts et du principal des prêts sur lesquels sont adossés les titres qu'ils achètent. Cette garantie (rehaussement de la qualité des crédits sous-jacents) couvre davantage les risques pris par les investisseurs, et peut de ce fait, d'une part, les déresponsabiliser dans l'appréciation de leur exposition au risque de défaut, et d'autre part, les inciter à réaliser des placements de plus en plus risqués (*Aléa moral*).

Titrisation et sous-évaluation des risques

La technique de la titrisation a connu au fil du temps, des innovations qui biaisent, très souvent vers le bas, l'évaluation des risques associés à la détention de supports représentatifs d'actifs titrisés.

Les banques et les sociétés financières exploitent, par exemple, la titrisation pour saisir les opportunités de gains qu'offre la configuration normale de la courbe des taux. Elles sont parties prenantes dans la création et le financement des Sociétés d'investissements structurés (*Structured investment vehicles* – SIV) qui lèvent périodiquement des fonds exigibles à court terme, et à taux faible (titres de créances négociables de court terme (*Asset Backed Commercial Papers* - ACBP) émis sur le marché monétaire), pour financer des titres de créances de long terme, à hauts rendements (notamment les titres adossés à des tranches *Equity* de crédits immobiliers *subprimes*). Ces SIV sont de ce fait exposés au risque de liquidité. Mais ce risque est généralement couvert par des lignes de crédits accordées par les banques, de telle sorte que les SIV, qui ne sont pas soumis à la réglementation bancaire, et qui disposent d'un levier d'endettement important, développent facilement leurs activités d'investissement. En créant des SIV, les banques contournent ainsi la réglementation, et développent indirectement leurs activités de crédit et leurs revenus. Ce comportement s'apparente à un arbitrage prudentiel (ou réglementaire), et/ou fiscal, motivé par la recherche de revenus supplémentaires. En investissant de préférence dans les tranches subordonnées de titres adossés à des crédits *subprimes* (tranches *Mezzanine* et *Equity*), les SIV, à la recherche de rendements élevés, transfèrent à nouveau aux banques, leurs propriétaires ou leurs créanciers, les risques dont elles s'étaient initialement débarrassées via la titrisation. Ce mécanisme contrarie l'intérêt économique du modèle *Originate-and-Distribute* en matière de division et de redistribution des risques sur les marchés. De fait, ce procédé conduit les banques à sous-estimer leur exposition effective au risque de défaut. Il brouille aussi l'identification des intervenants sur le marché qui portent, en dernier ressort, ces risques.

Sur un autre plan, la titrisation n'a plus son sens originel. On évoque aujourd'hui l'opération de titrisation, lorsqu'un portefeuille d'actifs générateurs de revenus est racheté par un intermédiaire qui émet sur un marché des titres pour financer son opération. Tout portefeuille d'actifs, négociables ou non, peut ainsi être titrisé, y compris les portefeuilles constitués de titres émis par des intermédiaires *ad hoc* créés à l'occasion d'opérations de titrisation. Dans ce dernier cas de figure, la superposition d'actifs sous-jacents (*Collateralised Debt Obligations* (CDOs) ou CDO2 par exemple) biaise, encore vers le bas, l'évaluation des risques afférents aux titres émis, laquelle évaluation, en l'absence de cotations transparentes sur les marchés de gré à gré, est souvent déléguée à des Agences de notation financière (Standard & Poors, Moody's, Fitch ratings) ayant un intérêt financier à l'aboutissement des opérations de titrisation.

L'évaluation des risques pris par les investisseurs est aussi biaisée vers le bas, lorsque les actifs titrisés en lots sont de qualité inégale. Pour faciliter le transfert des risques aux investisseurs sur les marchés, les banques cèdent en effet, à des fins de titrisation, des portefeuilles d'actifs hétérogènes ou composites. Ce comportement, qui revient à lisser les risques transférés, biaise, toujours vers le bas, l'évaluation des risques pris par les investisseurs sur les marchés.

Toutes ces observations illustrent fondamentalement les dysfonctionnements habituels (*sélection adverse, aléa moral*), ou l'inefficience des marchés financiers en présence d'asymétries d'information. Il est théoriquement établi depuis les années 1970, que l'intermédiation bancaire est plus efficiente que l'intermédiation de marché en présence d'asymétries d'information entre prêteurs et emprunteurs. Seules les banques en effet, notamment en raison de la relation suivie qu'elles entretiennent avec les emprunteurs potentiels, sont en mesure de prévenir, au moindre coût, les effets contre-productifs (*sélection adverse, aléa moral*) de l'avantage informationnel des emprunteurs sur les prêteurs. Mais à leur tour, en position d'emprunteuses de fonds sur les marchés financiers, et disposant d'un avantage informationnel important sur les marchés d'actifs adossés aux crédits qu'elles distribuent, les banques, elles aussi, ne résistent pas à la tentation de comportements opportunistes sur ces marchés financiers. C'est un fait qui en 2007 et 2008 a alimenté le climat de méfiance, et le rationnement des fonds sur les marchés financiers internationaux.

La titrisation et la crise immobilière américaine

Aux États-Unis, l'encours global des crédits *subprimes*, constitués pour une grande part des prêts immobiliers hypothécaires, s'est considérablement accru après l'année 2001. Une part non négligeable de ces prêts *subprimes*, distribués par des banques américaines spécialisées, s'est retrouvée dans les bilans consolidés de la plupart des grandes banques internationales, des fonds d'investissement, et des sociétés d'assurance d'envergure mondiale, à la faveur des opérations de titrisation.

Les actifs négociables américains, adossés à des crédits immobiliers hypothécaires, sont les *Residential Mortgage Backed Securities* (RMBS), les *Commercial Mortgage Backed Securities* (CMBS), et les *Collateralised Debt Obligations* (CDO). Les RMBS sont des titres adossés à des crédits immobiliers hypothécaires aux particuliers. Les CMBS sont des titres adossés à des crédits immobiliers hypothécaires aux entreprises. Les CDO sont des titres adossés à des crédits bancaires (*Collateralised Loans Obligations* - CLO) ou à des emprunts obligataires d'entreprises (*Collateralised Bonds Obligations* - CBO).

L'expansion de la titrisation des crédits immobiliers hypothécaires

Les émissions de titres adossés aux crédits immobiliers hypothécaires se sont accélérées aux États-Unis après les années 2001 et 2002, lorsque la hausse continue du prix de l'immobilier s'est conjuguée avec la faiblesse des taux débiteurs, dans un contexte de politique active, au niveau de l'État fédéral, de promotion de l'accès à la propriété. La valeur de ces titres est en effet garantie par la valeur marchande des biens immobiliers hypothéqués sur lesquels ils sont indirectement adossés. En effet, en cas de défaut de l'emprunteur, la saisie et la vente du bien immobilier (*Collatéral*) garantissent en théorie l'apurement de sa dette.

Après les années 2001 et 2002, les titres adossés à des crédits immobiliers hypothécaires (RMBS, CMBS), apparaissent ainsi aux investisseurs comme des actifs bien rémunérés, au moins pour les tranches subordonnées, et dont le risque de défaut est bien couvert au regard de l'évolution tendancielle du prix de l'immobilier et des garanties offertes par les *assureurs monoline*. Leur pouvoir attractif est donc important auprès des Fonds d'investissement et des banques d'affaires au niveau mondial. Les émissions de ces MBS (*Mortgage Backed Securities*), titres adossés aux crédits hypothécaires (RMBS, CMBS, et autres)) se sont donc multipliées (Graphiques 7.4) après les années 2001 et 2002.

La crise des subprimes immobiliers

À partir du 2e semestre de l'année 2004, la banque centrale américaine (FED), contrairement à la politique de baisse des taux d'intérêt qu'elle avait pratiquée depuis le mois de septembre 2001, amorce une politique de hausse des taux d'intérêt (relèvement continu du *Federal fund rate*, son principal taux directeur (Graphique 1)) qui, après quelques trimestres, alourdit sensiblement les mensualités de remboursement de nombreux particuliers, qui se retrouvent en défaut, principalement de ce fait. En effet, les *subprimes* immobiliers sont généralement des crédits à taux débiteurs variables, modulables (fixes au début, puis variables par la suite) et/ou avec des modalités de remboursements différés dans le temps (aucune mensualité durant les premières années, et des mensualités de montants variables par la suite). Les taux débiteurs des crédits immobiliers aux États-Unis sont souvent indexés sur un taux de référence comme celui des bons du Trésor à un an.

Au début de l'année 2006, les défauts des emprunteurs immobiliers américains se multiplient (Graphique 7.5). Le taux de défaut sur les crédits *subprimes* à taux variables, ce qui est le cas pour la plupart des crédits immobiliers hypothécaires, a atteint 34 % au mois de mars 2009 (*Federal Housing Finance Agency* - FHFA). Comme prévu contractuellement, les intermédiaires *ad hoc* (SPV et SPC) réalisent leurs hypothèques en cas de défaut de la clientèle. Le marché américain de l'immobilier se retrouve rapidement en excès d'offre, avec la multiplication de ces opérations de saisies-ventes des biens immobiliers des particuliers en défaut.

Marché des actifs titrisés (USA)

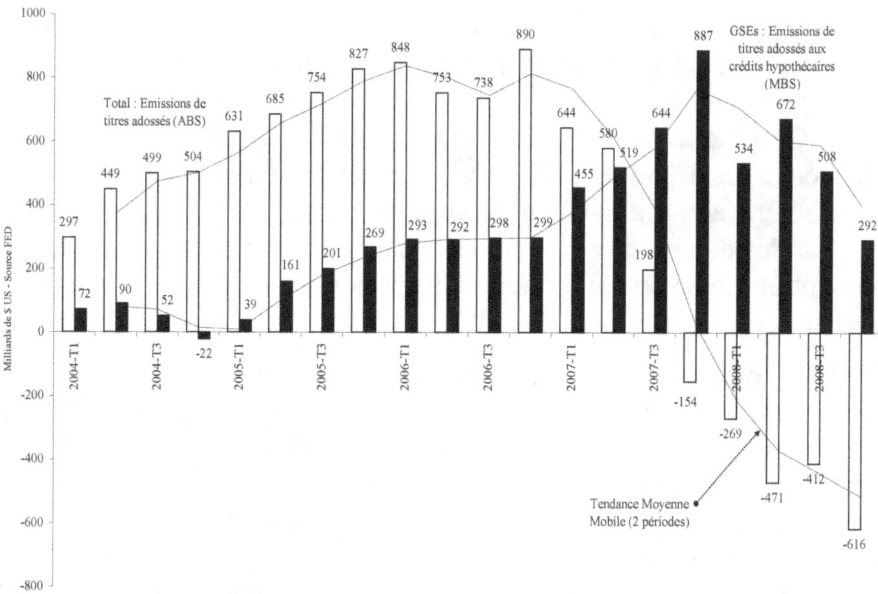

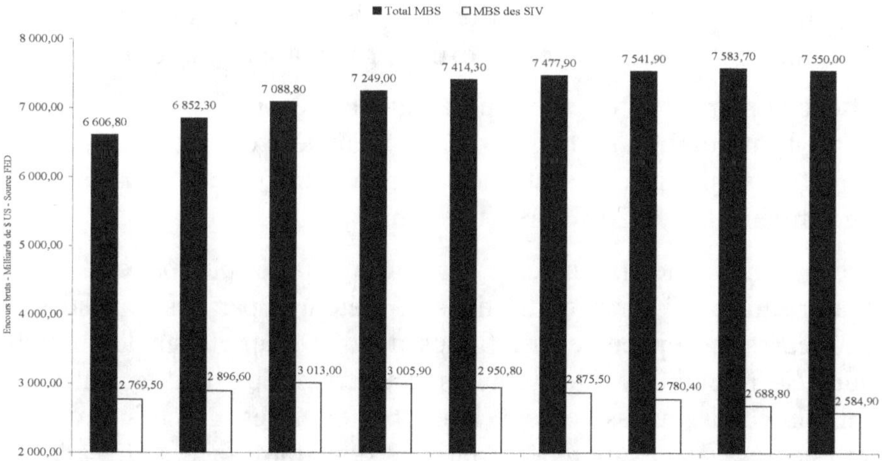

Graphiques 7.4 – Flux (haut) et Encours (bas)

Les valeurs marchandes des logements résidentiels chutent durablement, à l'inverse de celles des logements de bureau qui poursuivent leur progression (Graphique 7.6). Les valeurs marchandes des logements de bureau reposent en effet sur la conjoncture économique, qui reste soutenue sur les années 2006 et 2007. Dans ce contexte, les prix de l'immobilier américain, historiquement orientés à la hausse, se tassent dans un premier temps avant d'amorcer un repli brutal au mois de juin 2007 (Graphique 7.6). La baisse des prix du logement, à partir du 2ᵉtrimestre de l'année 2007, participe de la dynamique de la crise immobilière aux États-Unis. Avec cette baisse des prix, les valeurs marchandes de certains logements, financés par crédits hypothécaires, tombent en dessous des montants du principal restant dû sur ces prêts immobiliers.

Dans ce contexte (Valeur marchande du bien immobilier - Montant crédit hypothécaire restant dû = *Equity value* < 0), les titulaires d'emprunts hypothécaires sont incités à se déclarer en défaut, et à laisser jouer les clauses contractuelles de forclusion et les procédures de saisies-ventes. Ce comportement accentue aussi bien l'excès d'offre de logements résidentiels, que la chute des prix de l'immobilier, et les pertes des intermédiaires *ad hoc*. Les conditions d'attribution des crédits immobiliers se resserrent. L'offre de crédits hypothécaires et leur titrisation s'effondrent, bridant la demande de logements. Cela contribue également à l'excès d'offre sur le marché immobilier.

Cet enchaînement a fortement pesé dans la dynamique de la chute des prix de l'immobilier, de la défaillance financière des intermédiaires *ad hoc*, et des investisseurs sur les marchés financiers à partir du 2ᵉ semestre de l'année 2007 aux États-Unis.

Face aux difficultés financières des intermédiaires *ad hoc*, et donc à la dévalorisation de leur dette titrisée, détenue par les investisseurs (américains, européens et asiatiques pour la plupart) sur les marchés financiers mondialisés, les Fonds spéculatifs en particulier, entreprennent de vendre massivement leurs portefeuilles d'actifs ordinaires (actifs cotés) sur les marchés boursiers pour faire face, entre autres, à leurs engagements sur les marchés de gré à gré d'actifs titrisés. Les effets directs de ces ventes massives d'actifs financiers, associés aux effets indirects de la dévalorisation des actifs titrisés adossés aux crédits immobiliers *subprimes* (MBS), se conjuguent pour amplifier et entrete-

Taux de défaut
Crédits immobiliers

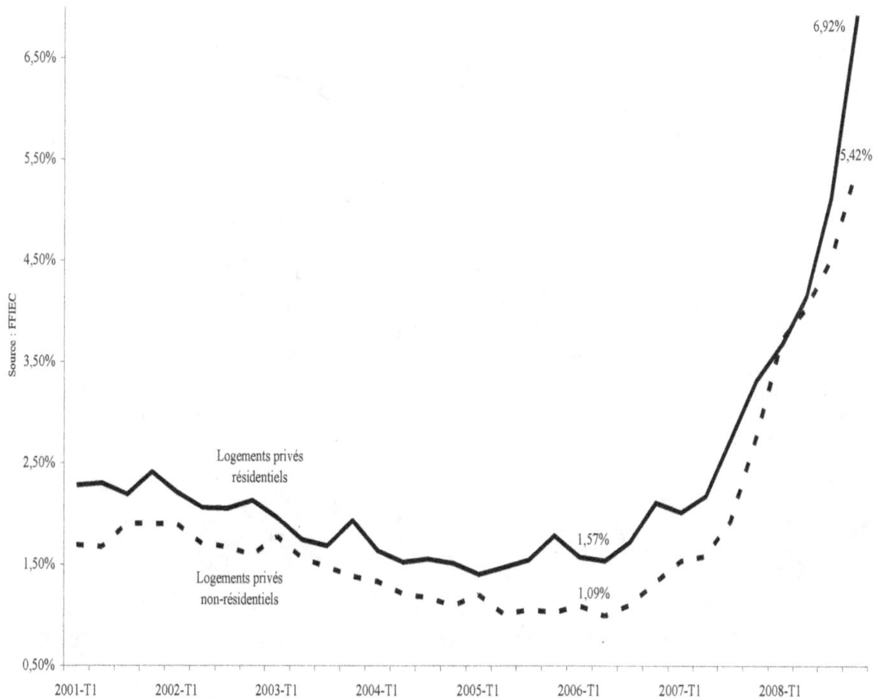

Graphique 7.5

tenir la chute des capitalisations boursières sur toutes les places financières internationales.

La crise immobilière américaine est ainsi au cœur de la dynamique de la crise financière internationale. La chute des prix des logements a fragilisé l'équilibre financier des établissements intervenant dans la chaîne de financement des prêts immobiliers hypothécaires (Banques, GSEs, Sociétés d'assurance, Fonds d'investissement). Ces difficultés financières, localisées dans un premier temps dans la filière du financement des logements aux États-Unis, se sont ensuite étendues, via la dévalorisation des titres adossés aux crédits immobiliers hypothécaires américains, à l'ensemble des systèmes bancaires américain, européen

Valeurs logements privés

Indice des prix - Logements

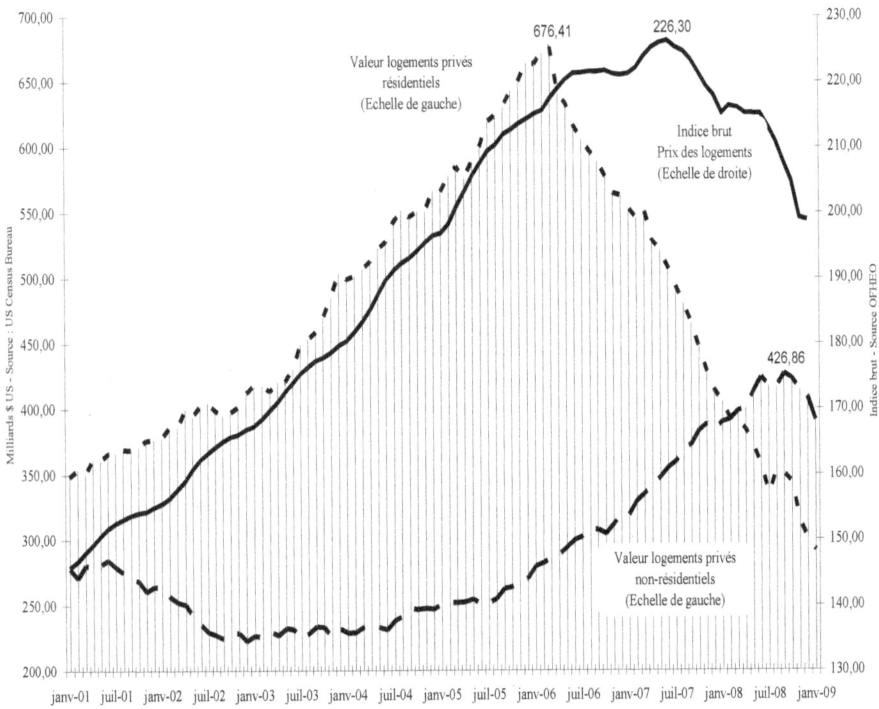

Graphique 7.6

et asiatique. Les banques ont de ce fait, brutalement et fortement rationné leurs offres de financement pour rétablir leurs ratios pruden-tiels, et redresser leurs résultats.

Les entreprises et les particuliers font les frais de cet assèchement des financements disponibles, qui alimente au niveau mondial, la récession économique, le développement du chômage, et les tensions politiques et sociales.

Ainsi, le foyer de la crise économique mondiale qui démarre en 2008 se trouve aux États-Unis dans le secteur de l'immobilier. La propaga-tion de cette crise en Europe et en Asie a emprunté des voies finan-cières.

Indice de la production industrielle
(IPI France – INSEE)

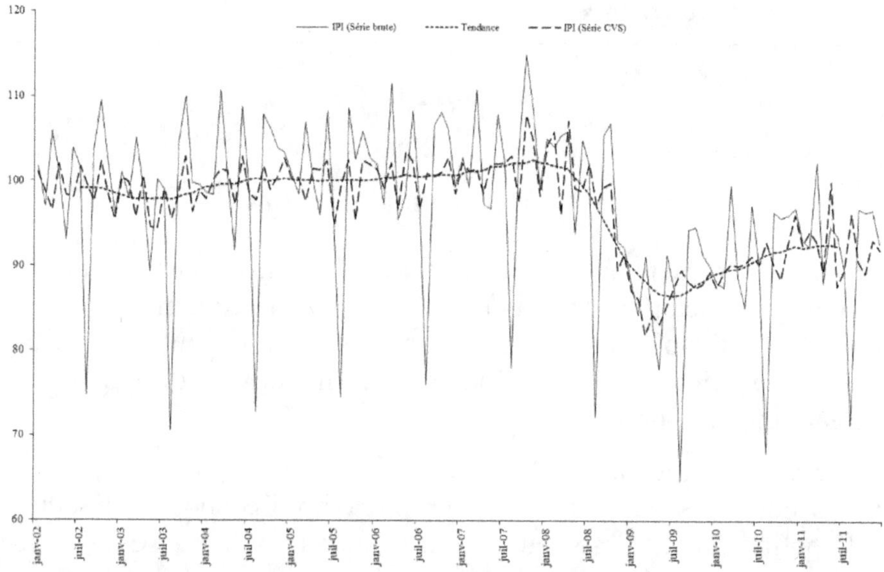

Demandeurs d'emploi inscrit en fin de mois à Pôle emploi
(Catégorie A - France Métropolitaine - En milliers - INSEE)

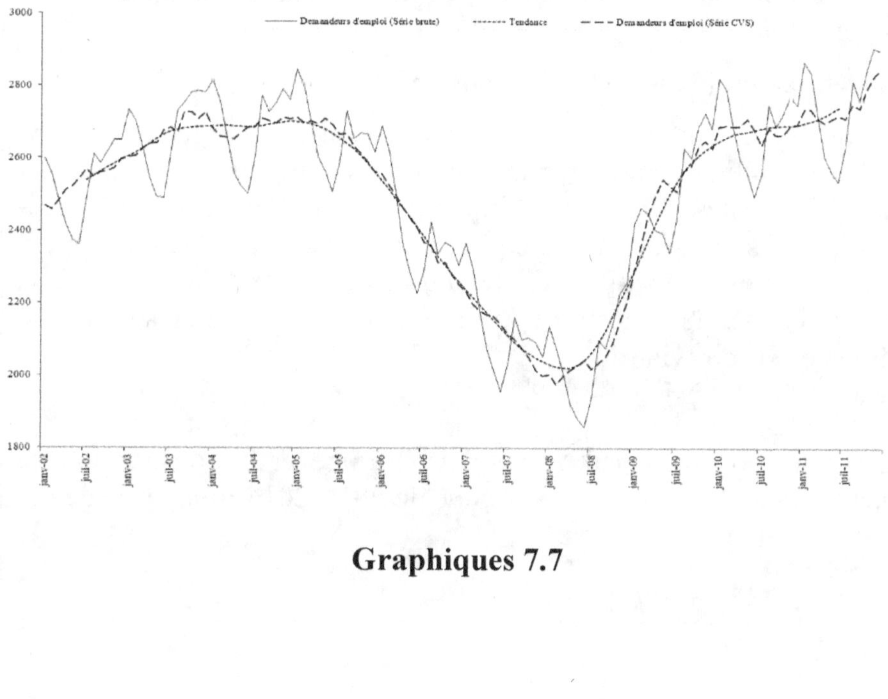

Graphiques 7.7

Les plans keynésiens de relance

Le plan de relance français

Encadré II

France 2008

Le plan de relance pour l'économie

Lors d'un déplacement, le 4 décembre à Douai, le président de la République a détaillé son plan de relance pour l'économie. Le chef de l'État a donné la priorité à l'investissement pour « soutenir l'activité d'aujourd'hui et préparer la compétitivité de demain ». Montant global du plan : 26 milliards d'euros.

« La crise que nous traversons n'est pas une crise passagère. Cette crise structurelle va transformer pour longtemps l'économie, la société, la politique (...). Parce que la crise est forte, la réponse doit être forte (...). Notre réponse à la crise est un effort d'investissement massif ». Axé sur l'investissement et les entreprises, ce plan de relance de l'économie d'un montant de 26 milliards vise à soutenir, sur les deux ans à venir, l'emploi dans les secteurs cruciaux de l'automobile et du logement.

Accélérer les investissements publics

Quelque 10,5 milliards d'euros d'investissements supplémentaires de l'État (4 milliards), des grandes entreprises publiques (4 milliards) et des collectivités locales (2,5 milliards) vont être mobilisés pour accélérer divers programmes d'équipements publics. Sont notamment concernés les équipements de défense, l'université et la recherche, la remise en état du patrimoine de l'État et les infrastructures routières, fluviales et ferroviaires.

La réalisation du canal Seine-Nord Europe et la construction de quatre lignes de TGV sur la période de 2010-2014 font partie de ces investissements.

Soutenir le secteur de l'automobile

La prime à la casse fixée à 300 euros pour les particuliers qui mettront à la casse un véhicule de plus de 10 ans pour acheter un véhicule neuf non polluant passera à 1 000 euros. Elle sera étendue aux véhicules utilitaires légers. Coût estimé : 200 millions d'euros. De plus, l'État s'engage à ouvrir aux organismes de crédit une ligne de refinancement d'un montant d'un milliard d'euros pour accorder des crédits aux acheteurs.

Les constructeurs automobiles et les sous-traitants bénéficieront d'un fonds d'investissement doté de 300 millions d'euros pour les aider à restructurer la filière.

Renforcer les entreprises

L'État remboursera début 2009 par anticipation leurs dettes aux entreprises à hauteur de 11,5 milliards : le crédit d'impôt recherche normalement remboursable sur trois ans sera reversé en une seule fois début 2009. Il en sera de même pour les crédits de TVA.

Mais le président de la République a précisé « qu'il n'y aura pas de sauvetage » d'entreprise « sans contrepartie », « pas d'aide sans engagement à ne pas délocaliser ».

Stimuler l'emploi

Les entreprises de moins de 10 salariés bénéficieront d'une exonération de cotisations sociales jusqu'à 1,6 fois le Smic pour toute nouvelle embauche en 2009. Le coût estimé de cette mesure est de 700 millions d'euros. Le chef de l'État a rappelé que l'État financera à hauteur de 500 millions d'euros les mesures en faveur de l'emploi annoncées le 25 novembre à Valenciennes. Il s'agit, entre autres, de l'extension des contrats de transition professionnelle de 7 à 25 bassins d'emploi en difficulté. Pour la formation professionnelle, Nicolas Sarkozy a prévenu que faute d'accord entre les partenaires sociaux au 31 décembre, l'État prendra ses responsabilités et légiférera dès le début 2009.

Investir pour le logement

Le chef de l'État a annoncé la construction de 70 000 logements sociaux auxquels s'ajoute l'achat à un prix décoté par les bailleurs sociaux de 30 000 logements dont les travaux n'ont pas été lancés faute de certitude sur les ventes. Pour aider les Français à accéder au logement, le prêt à taux zéro sera doublé pour l'achat dans l'immobilier neuf. Au total pour la période 2009-2010, 1,8 milliard d'euros supplémentaires seront dévolus au logement.

Autre mesure : les contraintes liées au droit de l'urbanisme seront "temporairement et considérablement assouplies" avec une prorogation d'un an des permis de construire.

Soutenir les ménages modestes

Le Président a annoncé une aide spécifique pour les familles les plus modestes. Dans l'attente de la mise en œuvre du revenu de solidarité active, l'État versera à la fin mars 2009 une prime de 200 euros à quelque 3,8 millions de ménages modestes. Le coût de la mesure est estimé à 760 millions d'euros.

Alléger les procédures d'appel d'offres

Le seuil de passation des marchés publics sera rehaussé. Le niveau d'exemption totale de procédure sera remonté de 4 000 à 20 000 euros.

Ce plan de relance de l'économie sera conduit dans un programme dédié avec un budget spécifique, et un ministre sera chargé d'en suivre la mise en œuvre.

Texte paru sur le site gouvernement.fr le 8 décembre 2008

Le plan de relance américain

Encadré III

USA 2008

Premiers effets du plan de relance américain

Le programme a déjà sauvé un million d'emplois. Et les grands projets sont sur le point d'être lancés.

Reprise

Selon les chiffres publiés fin octobre, les États-Unis sont sortis de la récession cet été, avec un taux de croissance de 3,5 % (en rythme annuel) au troisième trimestre. Mais le scénario d'une reprise sans emplois se confirme : en septembre, le taux de chômage a atteint 9,8 %.

Wichita, la plus grande ville du Kansas, doit recevoir plus de 26 millions de dollars [17,5 millions d'euros] dans le cadre du plan de relance américain. En octobre, huit mois après l'adoption de la loi, elle n'avait cependant perçu que 2 % de cette somme – dont une partie est allée aux chats et aux chiens. La ville vient en effet de consacrer 55 000 dollars [37 000 euros] à la stérilisation des animaux de compagnie des personnes à faibles revenus. Une bête abandonnée coûtant 240 dollars en frais de récupération, d'accueil et d'euthanasie, le traitement de 800 animaux devrait, à long terme, permettre au contribuable de faire des économies.

Et l'effet « relance » ? Il est bien plus difficile à estimer. Actuellement, grâce aux fonds déjà reçus, Wichita finance directement 32 emplois. Les chantiers dans le bâtiment et les transports, gros pourvoyeurs d'emplois, n'ont pas encore débuté. *« Nous prévoyons le démarrage de nombreux projets d'ici à la fin 2009 ou au début 2010 »*, précise Mark Elder, chargé par la municipalité de suivre l'utilisation des fonds.

Washington distribue progressivement ses 787 milliards de dollars d'aides [530 milliards d'euros], mais les effets de ces dépenses et réductions d'impôt se révèlent difficiles à mesurer. Certaines redynamiseront effectivement l'économie, offrant une véritable bouffée d'oxygène en attendant que la demande, du côté du privé, vienne prendre le relais. Mais d'autres dispositifs, qui semblent aujourd'hui efficaces, pourraient faire long feu, comme en témoigne la prime à la casse [automobile], dont le coût de 3 milliards de dollars est en partie pris en charge par le plan de relance. Les ventes de voitures se sont envolées en août, avant de retomber brusquement en septembre. Le crédit d'impôt de 8 000 dollars consenti aux accédants à la propriété jusqu'à la fin novembre risque d'avoir le même effet.

Pour les conservateurs, ce remède n'est pas le bon

La dégradation du marché du travail a ravivé la polémique. En janvier, la Maison Blanche avait annoncé que le taux de chômage, qui était de 7,2 % fin 2008, dépasserait largement 8 % si son plan de relance n'était pas adopté. En septembre dernier, le taux s'est établi à 9,8 %. Le gouvernement assure toutefois que son plan est en passe d'atteindre ses objectifs. Selon ses estimations, à la fin août, il avait entraîné la création ou le maintien d'un million d'emplois, sur les 3,5 millions promis. Comme seulement un quart des fonds prévus a été dépensé depuis février, l'impact du programme pourrait réellement se faire sentir au fil des huit prochains mois, lorsque les travaux d'infrastructures se mettront en route.

Certes, reconnaît Christina Romer, présidente du comité des conseillers économiques de la Maison Blanche, l'économie et le marché du travail se sont dégradés depuis l'adoption de la loi de relance. Mais cela ne prouve rien. Si vous avez une angine et allez demander des médicaments à votre médecin mais que le lendemain vous avez une poussée de fièvre, « *vous n'allez pas dire : 'Ah, vous voyez, les médicaments ne marchent pas'* », dit Cristina Romer. Cela montre simplement que la maladie est plus grave qu'on ne le pensait, poursuit-elle, avant de conclure : « *Nous avons bien fait d'aller chez le médecin et de commencer le traitement.* » Nombre d'économistes et de parlementaires conservateurs estiment pour leur part que le remède choisi n'était pas le bon. Certains préconisaient de laisser l'économie guérir d'elle-même ; la plupart auraient préféré des baisses d'impôt importantes et permanentes, qui auraient bénéficié directement aux consommateurs et aux entreprises.

Un tiers du plan de relance est destiné à des États et à des particuliers durement touchés par la récession. Ce sont ces injections qui ont eu les effets les plus marqués et les plus rapides. L'indemnisation des chômeurs [qui durait vingt-six semaines] a été prolongée jusqu'à parfois soixante-dix-neuf semaines pour une grande partie des 15 millions de demandeurs d'emploi officiellement recensés. Les sans-emploi tendant à dépenser la totalité de leurs allocations, celles-ci stimulent la consommation, tout en maintenant un filet de sécurité fondamental. Plus de 40 milliards de dollars viennent par ailleurs soutenir le budget de l'éducation des États. Sans ce coup de pouce, les écoles auraient probablement supprimé davantage d'emplois. Mais il n'est pas toujours suffisant. À Hawaii, par exemple, 170 000 élèves sont restés chez eux le 23 octobre, le premier des 17 *furlough Fridays* ["vendredis de chômage technique" imposés aux enseignants] prévus pour cause de coupes budgétaires.

Un autre tiers de l'enveloppe finance tout un éventail d'allégements fiscaux. Cette mesure est celle qui touche directement le plus grand nombre de personnes – et dont les résultats sont les moins évidents. Les Américains gagnant moins de 200 000 dollars [135 000 euros] par an bénéficient d'une restitution d'impôt de 8 dollars par semaine [qui s'ajoute à leur salaire, l'impôt étant retenu à la source], et ce jusqu'à la fin 2010. Ces 400 dollars par an sont censés soutenir la consommation de manière régulière. *« Je n'ai rien remarqué »*, assure pourtant Cameron Tully-Smith, qui travaille dans les technologies de l'information en Californie. *« Huit dollars par semaine, cela correspond à une virée chez McDonald's »*, ajoute ce père de deux jeunes enfants.

Le dernier tiers finance des investissements. C'est, depuis le début, le volet le plus controversé, raillé notamment pour avoir soutenu un système d'enneigement artificiel à Duluth, dans le Minnesota (6 millions de dollars), ou les passages destinés à aider les tortues à traverser l'autoroute, près de Tallahassee en Floride (3,4 millions de dollars). [Ce projet, présenté comme opportuniste par certains médias, était en fait déjà validé par cet État. Plus de 2 000 tortues sont écrasées chaque année sur cette autoroute, sans compter les serpents, les alligators et les lynx.] La plupart des grands projets d'infrastructures concernent des travaux publics, notamment des routes. Leur but : répondre aux besoins à long terme d'une collectivité locale tout en créant ces emplois qui font si cruellement défaut. Cette partie du programme fédéral est celle dont les effets sont les moins perceptibles. Mais sa mise en œuvre commence tout juste.

Extrait The Wall Street Journal, In Courrier International n° 992 du 9 novembre 2009

Le plan de relance chinois

Encadré IV

Chine 2008

Le pari économique de la Chine

La Chine a beaucoup à perdre d'une crise économique mondiale puisque près de 40% de son PNB provient de ses exportations. Les données les plus récentes montrent que le plan de relance économique que le gouvernement chinois a lancé en novembre commence déjà à porter ses fruits. Il faut dire que les dirigeants chinois avaient prévu la possibilité d'une crise mondiale et qu'ils s'y préparaient depuis quelques années. Le plan de relance économique chinois, qui totalise 587 milliards de dollars US, représente environ 13% du PIB chinois, soit proportionnellement beaucoup plus que le plan de relance américain.

Bien qu'il convienne de demeurer très prudent sur les résultats du plan de relance chinois, plusieurs statistiques étonnent. Ainsi, les ventes d'automobiles neuves, qui avaient reculé pendant toute l'année 2008, viennent d'augmenter de 4,4% en janvier. L'industrie légère affiche à présent un taux de croissance de 8, 1% alors que ce taux était tombé à 1,8%. Le commerce au détail et le secteur hôtelier ne semblent pas avoir été touchés par la crise et leurs taux de croissance sont de près de 25%.

Le financement du plan devrait provenir de trois sources principales. D'une part, les provinces ont reçu le droit d'émettre 200 milliards de dollars US d'obligations d'épargne, ce qui leur était auparavant interdit. D'autre part, le gouvernement central a réalisé en 2008 un surplus d'environ 200 milliards de dollars US en revenus fiscaux. Enfin les banques chinoises ont recommencé à prêter massivement.

En janvier, les prêts des banques chinoises ont augmenté de 104% en comparaison du même mois en 2008.

Le cœur du plan de relance chinois consiste à compenser la baisse des exportations de certains produits en pariant sur une hausse des ventes de ces mêmes produits dans les zones rurales du pays. Ce pari est audacieux. Avant d'être étendue à toute la Chine, cette politique de croissance de la consommation rurale avait déjà été expérimentée avec succès dans trois provinces. Les 700 millions de personnes qui habitent les zones rurales consomment peu, mais possèdent beaucoup d'épargnes. Le gouvernement tente de créer un meilleur environnement économique pour les inciter à dépenser. Par exemple, il accélère la mise en place de divers plans d'assurance récolte, abolit des taxes et instaure des politiques de micro-crédit.

Plus concrètement, le gouvernement a décidé d'offrir aux habitants des zones rurales une subvention de 13% à l'achat de divers biens de consommation tels que les réfrigérateurs, les motos, les téléphones cellulaires ou les ordinateurs personnels. Ce rabais équivaut souvent à une semaine de travail. Comme il existe trop peu de magasins en zone rurale, le gouvernement va aussi favoriser la construction de 510 000 nouveaux magasins d'ici deux ans, en privilégiant les grandes surfaces. Ces magasins devraient créer des millions de nouveaux emplois parmi, entre autres, les nouveaux diplômés des universités et les travailleurs migrants qui ont perdu leur emploi dans les villes.

Le plan de relance économique chinois touche plusieurs autres domaines. Par exemple, dans le secteur énergétique, le gouvernement vient d'annoncer la construction de nouvelles centrales nucléaires, la modernisation de centrales thermiques au charbon, la construction de nouvelles lignes d'ultra-haut voltage et la hausse de 10% de la capacité de raffinage du pétrole d'ici 2011. Des annonces d'investissements similaires se succèdent tous les jours en transport, en environnement, en recherche scientifique, en éducation, etc.

La santé de l'économie chinoise est encore chancelante dans certains secteurs. L'industrie lourde, par exemple, demeure toujours durement touchée par la crise économique mondiale. Mais l'envergure du plan de relance chinois, sa planification et la vigueur avec laquelle il est appliqué, laissent croire qu'une reprise en Chine est peut-être plus proche qu'ailleurs dans le monde.

Loïc Tassé, CERIUM, Chargé de cours au département de Science politique de l'Université de Montréal, spécialiste des questions chinoises.

Texte paru sur le site cerium.ca le 1er mars 2009

CHAPITRE VIII

LA CRISE ÉCONOMIQUE DU COVID-19 ET LES POLITIQUES KEYNÉSIENNES DE RELANCE

La crise sanitaire du Covid-19

Au premier semestre de l'année 2020, l'activité économique mondiale s'effondre à la suite des mesures prises par les grandes puissances économiques, pour faire face à la pandémie du Covid-19. Le 30 janvier 2020, l'Organisation mondiale de la santé (OMS) publie une urgence de santé publique de portée internationale en raison de la propagation rapide d'un nouveau coronavirus (SARS-CoV-2), détecté dans la région de Wuhan en Chine, au mois de décembre 2019. Vecteur d'une maladie infectieuse grave, baptisée Covid-19 par l'OMS, ce virus se révèle contagieux et mortel pour l'homme. Face à sa diffusion rapide dans le monde, et dans l'indisponibilité des traitements médicaux, les puissances économiques internationales entreprennent, de façon concertée, et sur la recommandation de l'OMS, de promouvoir la distanciation physique (annulation des manifestations publiques à forte densité humaine, fermeture des lieux publics de loisirs, promotion du travail à distance), et de restreindre la libre circulation des personnes.

Le commerce international se contracte (Graphiques 8.1). Les industries subissent une baisse importante de leurs activités. C'est notamment le cas pour les industries du tourisme d'affaires (congrès, conférence, hébergement, restauration, événementiel), des loisirs, et du transport qui subissent un coup d'arrêt brutal de leurs activités. Des centaines de milliers de salariées cessent leur travail et intègrent le régime du chômage partiel. Les indices boursiers internationaux enregistrent des baisses records (Graphiques 8.2). Les cours du baril de pétrole et des principales matières premières chutent.

Total Exportations & Importations
(UE 27 – Millions d'euros – EUROSTAT)

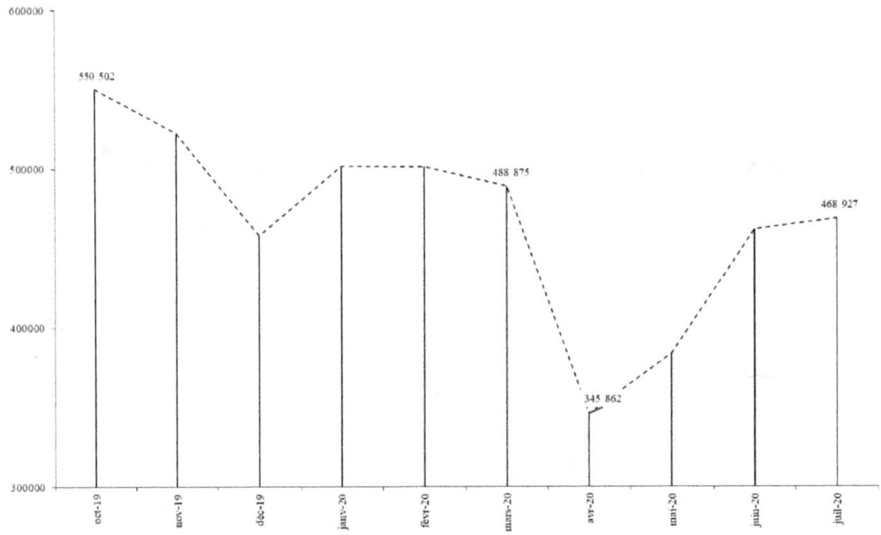

Total Emploi
(UE 27 – Milliers de personnes – CVS - EUROSTAT)

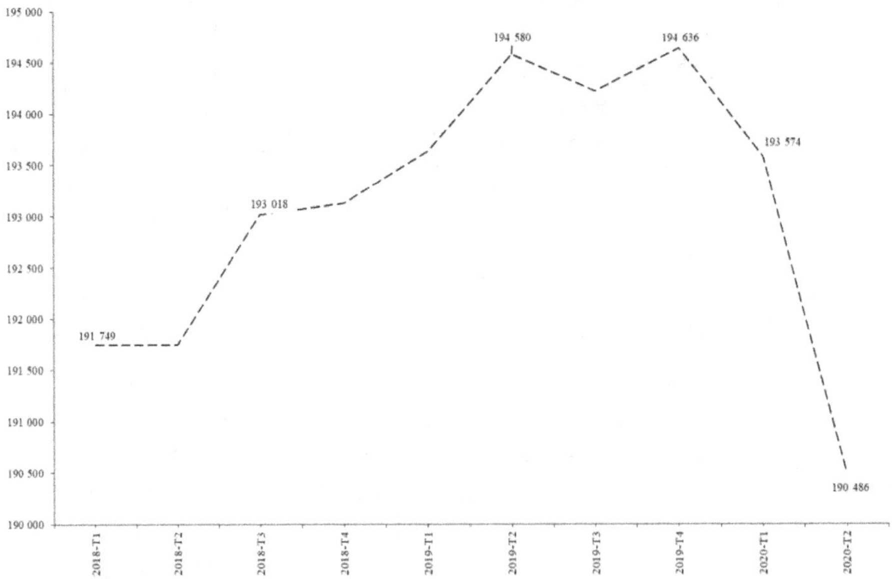

Graphiques 8.1

Cours boursiers
(USA – EUROPE – JAPON)

Cours du Baril de pétrole
(Brent – Moyenne mensuelle – USD - INSEE)

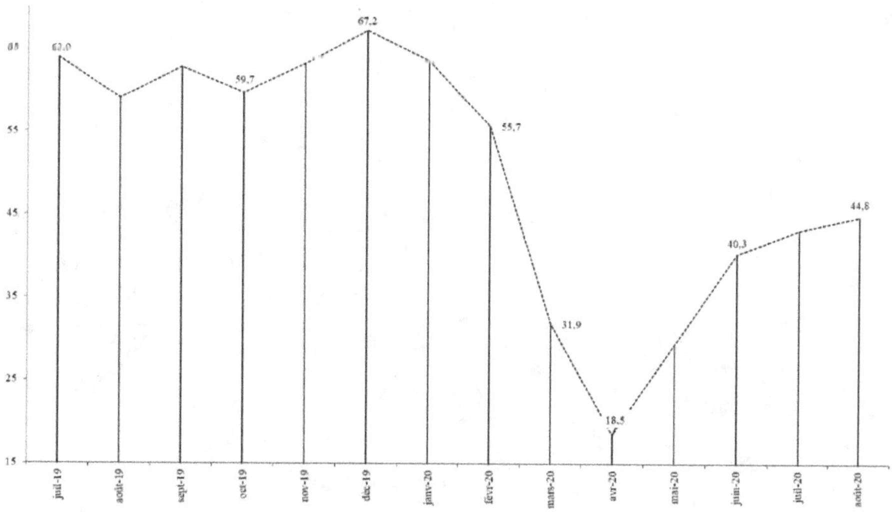

Graphiques 8.2

Telles sont certaines des manifestations économiques importantes de la crise mondiale enclenchée par les mesures sanitaires de lutte contre la pandémie du Covid-19. Elle apparaît comme une crise économique majeure, induite par un choc sanitaire de grande envergure. En économie, les phénomènes d'hystérésis sont courants en situation de choc exogène. La disparition naturelle de cette pandémie, ou l'offre d'une thérapie efficace, ne sera donc pas nécessairement synonyme de la fin des dysfonctionnements économiques qu'elle aura causés. Pour prévenir ce risque, des politiques keynésiennes de soutien massif à l'activité économique se sont généralisées dans le monde, avec pour corollaires le creusement important des déficits publics, et l'envol des dettes souveraines (Graphiques 8.3 et 8.4).

Ratio Déficit public/PIB
(Zone Euro – BCE)

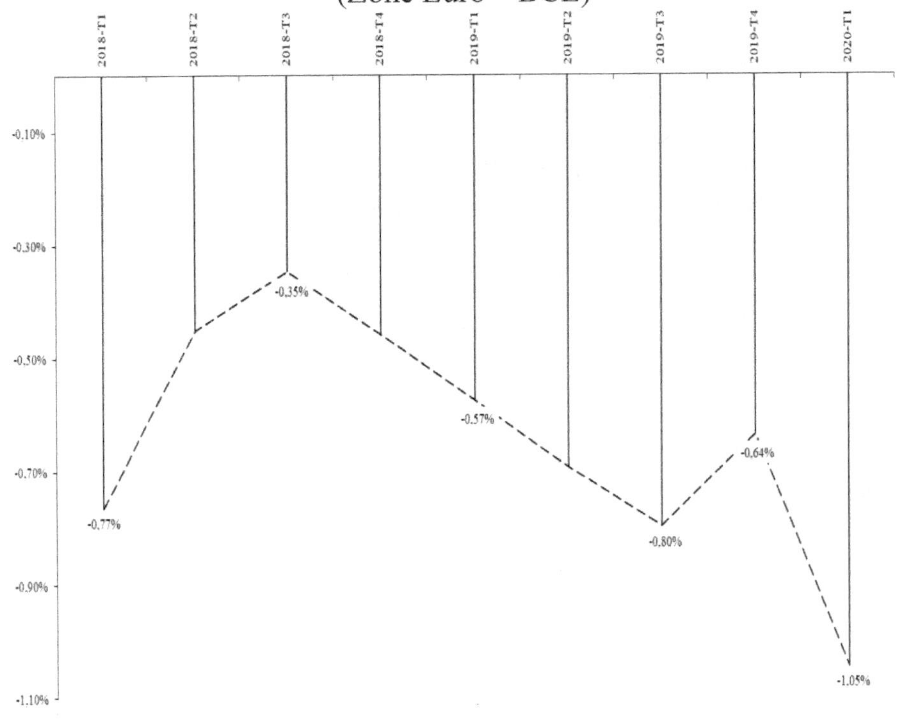

Graphiques 8.3

Ratio Dette publique/PIB
(Zone Euro – BCE)

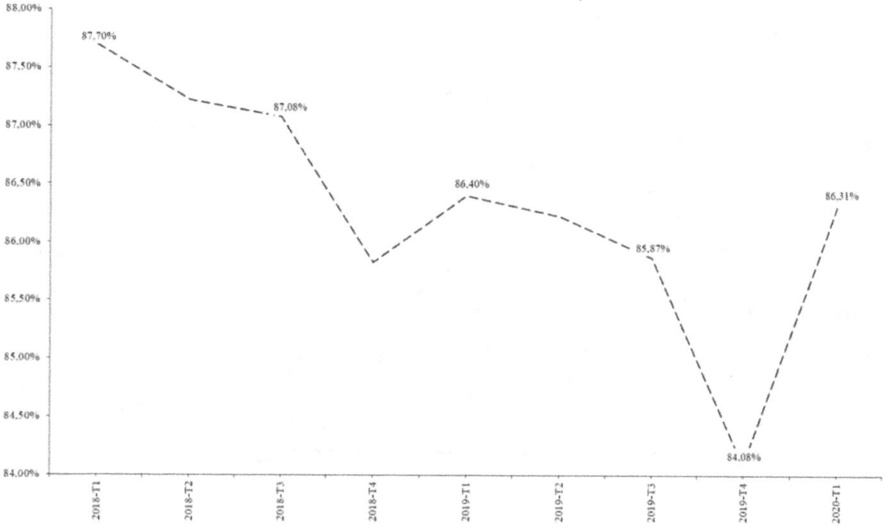

Graphiques 8.4

Les politiques keynésiennes de relance

Pour faire face à la crise du Covid-19, et relancer l'économie, l'Union européenne, comme la plupart des grandes puissances économiques mondiales, laisse jouer à plein les stabilisateurs automatiques, et adopte un plan de relance d'inspiration keynésienne. Celui-ci s'inscrit dans un contexte monétaire particulièrement accommodant en zone Euro.

Dès le mois de mars 2020, la Banque centrale européenne (BCE), comme la FED, prend des mesures urgentes pour assurer la liquidité du secteur financier européen, et garantir les meilleures conditions de financement aux États, aux entreprises et aux particuliers de la zone Euro. Elle adopte alors une enveloppe de 750 milliards d'euros (7,3 % du PIB de la zone Euro) pour son programme d'urgence d'achats d'actifs sur le marché financier (*Pandemic Emergency Purchase Programme*, PEPP). Cette enveloppe est portée à 1 350 milliards d'euros au début du mois de juin 2020. Elle vise à financer des opérations d'achats d'actifs pour soutenir leurs prix, et stabiliser les taux d'intérêt à des niveaux bas sur le marché financier européen.

Federal Funds Rate (Fed – Open Market Operations)
Euro OverNight Index Average (EONIA)

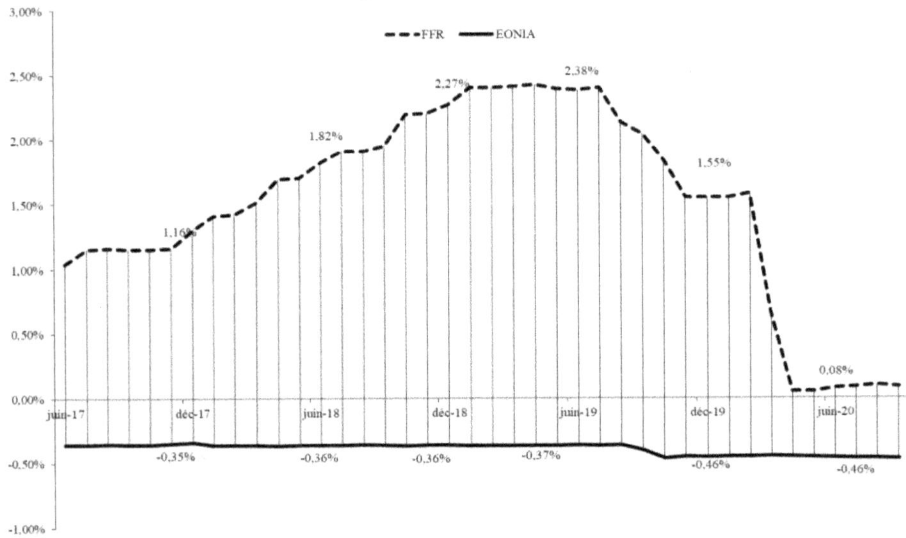

Graphiques 8.5

La BCE indique par ailleurs au marché, sa volonté de maintenir cette politique, tant que la pandémie perdurera.

Parallèlement au PEPP, la BCE offre jusqu'à 3 000 milliards d'euros de liquidité, principalement aux banques à travers ses opérations de refinancement sur le marché monétaire. Ces opérations se font à des taux négatifs et à des conditions assouplies (Graphique 8.5). En somme, les efforts de redressement économique au sein de l'Union européenne s'inscrivent dans une conjoncture de politique monétaire expansive en zone Euro.

Dans ce contexte monétaire, l'Union européenne promeut une politique budgétaire expansive à l'échelle européenne. Au mois de mars 2020, elle active la clause dérogatoire du Pacte de Stabilité et de Croissance (PSC) – grave récession économique dans la zone Euro ou dans l'ensemble de l'Union – pour se libérer des contraintes des règles prudentielles imposées aux États membres en matière budgétaire. Elle adopte ensuite au mois de juillet 2020, une enveloppe budgétaire de 750 milliards d'euros (plus de 5 % du PIB européen) financée par emprunt (Plan de relance européen – *Next Generation UE*). Fait inédit, la

Commission est ponctuellement autorisée par le Conseil, et au nom de l'Union européenne, à lever ces fonds sur les marchés financiers pour financer des programmes d'investissements, sous formes de prêts (360 milliards), et de subventions (390 milliards) aux États membres. Il est prévu que les subventions soient remboursées à l'Union européenne à travers le budget européen, et de nouvelles ressources propres. Quant aux prêts, ils seront remboursés à l'Union européenne par les États membres les ayant contractés. L'échéance finale du remboursement de l'emprunt des 750 milliards d'euros est fixée à l'année 2058.

Au mois de septembre 2020, la France adopte son propre plan de relance d'un montant de 100 milliards d'euros (4 % du PIB). Son objectif est de rétablir, à horizon 2022, le niveau d'activité économique observé en 2019, à travers 30 milliards d'investissement pour accélérer la transition écologique (rénovation énergétique des bâtiments privés et publics, décarbonisation de l'industrie, lutte contre l'artificialisation des sols et transition agricole, etc.), 34 milliards pour améliorer la productivité et la compétitivité de l'économie nationale (baisse des impôts à la production, renforcement des fonds propres des petites et moyennes entreprises, aides à l'innovation, etc.), et 36 milliards pour des mesures destinées à renforcer la cohésion sociale et territoriale (formation professionnelle, soutien aux personnes précaires, plan de relance de la Banque des territoires, développement numérique sur tout le territoire, etc.).

Le plan de relance français est financé à hauteur de 40 % par l'enveloppe de 390 milliards d'euros prévus pour les subventions dans le plan européen de relance. 60 % du plan de relance sera financé par emprunt.

Dernières projections de croissance des *Perspectives de l'économie mondiale*

(PIB réel, variation annuelle en pourcentage)	2019	PROJECTIONS 2020	2021
Production mondiale	2,8	-4,4	5,2
Pays avancés	1,7	-5,8	3,9
États-Unis	2,2	-4,3	3,1
Zone euro	1,3	-8,3	5,2
Allemagne	0,6	-6,0	4,2
France	1,5	-9,8	6,0
Italie	0,3	-10,6	5,2
Espagne	2,0	-12,8	7,2
Japon	0,7	-5,3	2,3
Royaume-Uni	1,5	-9,8	5,9
Canada	1,7	-7,1	5,2
Autres pays avancés	1,7	-3,8	3,6
Pays émergents et pays en développement	3,7	-3,3	6,0
Pays émergents et pays en développement d'Asie	5,5	-1,7	8,0
Chine	6,1	1,9	8,2
Inde	4,2	-10,3	8,8
ASEAN-5	4,9	-3,4	6,2
Pays émergents et pays en développement d'Europe	2,1	-4,6	3,9
Russie	1,3	-4,1	2,8
Amérique latine et Caraïbes	0,0	-8,1	3,6
Brésil	1,1	-5,8	2,8
Mexique	-0,3	-9,0	3,5
Moyen-Orient et Asie centrale	1,4	-4,1	3,0
Arabie saoudite	0,3	-5,4	3,1
Afrique subsaharienne	3,2	-3,0	3,1
Nigéria	2,2	-4,3	1,7
Afrique du Sud	0,2	-8,0	3,0
Pays en développement à faible revenu	5,3	-1,2	4,9

Source : FMI, *Perspectives de l'économie mondiale*, octobre 2020.

Note : Pour l'Inde, les données et les prévisions sont présentées sur la base de l'exercice budgétaire, l'exercice 2020/21 débutant en avril 2020. La croissance indienne est de -8,6 % en 2020 et de 6,8 % en 2021 sur la base de l'année civile.

FONDS MONÉTAIRE INTERNATIONAL IMF.org

Du keynésianisme

La politique budgétaire

Encadré V

La politique budgétaire

La politique budgétaire constitue, avec la politique monétaire, l'un des principaux leviers de la politique économique de l'État. Elle consiste à utiliser certains instruments budgétaires (dépenses publiques, endettement public, prélèvements fiscaux) pour influer sur la conjoncture économique.

Jusqu'à la crise des années 1930, la gestion des finances publiques a eu pour principal objectif d'assurer le financement des services publics. Le volume des dépenses de l'État n'était alors pas considéré comme une variable susceptible d'influencer le niveau d'activité de l'économie. L'analyse de l'économiste britannique John Maynard Keynes a modifié cette conception en soulignant l'impact de la politique budgétaire sur le niveau d'activité économique d'un pays. Par conséquent, la plupart des pays développés ont mené depuis les années 1930 des politiques de relance budgétaire lors des périodes de récession ou de moindre croissance. À compter de la crise consécutive au choc pétrolier de 1973, les théoriciens néoclassiques ont cependant souligné les limites de la politique budgétaire et, notamment, les effets néfastes des déficits et de la dette publique.

Les stabilisateurs budgétaires automatiques

Les recettes et les dépenses publiques exercent spontanément une action contracyclique sur l'activité économique, c'est-à-dire d'atténuation des aléas de la conjoncture économique.

En effet, si une grande partie des dépenses publiques sont indépendantes des variations à court terme de l'activité économique (ex : les dépenses de rémunération et de retraite des fonctionnaires), certaines d'entre elles sont, en revanche, mécaniquement liées à la conjoncture. C'est notamment le cas des dépenses d'indemnisation du chômage ou des prestations sociales versées sous condition de ressources, qui augmentent quand l'activité économique se dégrade. On considère ainsi que l'élasticité des dépenses publiques à la conjoncture est comprise entre 0,1 et 0,3, autrement dit, les dépenses publiques ont tendance à augmenter spontanément de 0,1 à 0,3 point lorsque la croissance ralentit d'un point.

Lorsque l'activité économique ralentit, les dépenses publiques ont tendance à s'accélérer tandis que les entrées de recettes ralentissent mécaniquement, ce qui provoque une détérioration du solde budgétaire. Dès lors, le montant des recettes fiscales diminue et le volume des dépenses publiques augmente. La détérioration de l'activité économique provoque alors un transfert de revenus des administrations publiques vers les ménages et les entreprises, ce qui atténue mécaniquement l'effet du ralentissement économique sur les revenus de ces derniers.

À l'inverse, en période de forte expansion économique, les prélèvements fiscaux et sociaux augmentent mécaniquement, tandis que les dépenses diminuent, ce qui a tendance à freiner la croissance de la demande – intérieure.

Par conséquent, les recettes et les dépenses publiques fonctionnent comme des « stabilisateurs automatiques » puisqu'elles contribuent à amortir les variations conjoncturelles de l'activité économique. Cependant, ce mécanisme de stabilisation automatique ne fonctionne pleinement que si les ménages et les entreprises ne modifient pas leur comportement de consommation, et si les taux d'intérêt ne sont pas affectés par la croissance de la dépense publique en période de récession.

Les politiques budgétaires volontaristes

En cas de forte dégradation de la conjoncture économique, les gouvernements peuvent être tentés de mener une politique budgétaire volontariste. Une telle politique consiste à soutenir l'activité économique à court terme, en faisant jouer le « multiplicateur keynésien ». On appelle « multiplicateur keynésien », le mécanisme macroéconomique mis en évidence par Keynes, qui permet de compenser la faiblesse des dépenses privées par un accroissement des dépenses publiques. En effet, une augmentation des dépenses publiques engendre des revenus supplémentaires qui sont pour partie consommés, pour partie épargnés, et pour partie récupérés par les administrations publiques sous la forme d'impôts et de cotisations sociales. Or, la partie de ces revenus supplémentaires qui est consommée vient nourrir la demande intérieure adressée aux entreprises. Ces dernières peuvent dès lors augmenter leurs investissements, leurs emplois, et distribuer des revenus supplémentaires. Le surcroît de dépenses publiques provoque par conséquent un effet cumulatif (un effet multiplicateur) qui stimule d'autant plus l'activité économique que les revenus sont peu épargnés, peu imposés, et que la demande de consommation s'adresse principalement aux entreprises nationales.

Les gouvernements peuvent également soutenir l'activité en réduisant les charges fiscales et donc en augmentant le revenu des personnes privées. Cette politique stimule l'activité économique, mais dans une moindre proportion que la dépense publique, car une partie de ce revenu supplémentaire est immédiatement épargnée par les ménages et les entreprises.

Les limites de la politique budgétaire

Une politique budgétaire volontariste peut néanmoins avoir des effets défavorables sur l'activité économique. C'est d'ailleurs en raison de ces effets défavorables qu'elle tend aujourd'hui à être de plus en plus critiquée.

- Ainsi, les besoins de financement liés à l'accroissement des dépenses publiques provoquent généralement une hausse des emprunts de l'État et, du fait de cette demande supplémentaire adressée aux marchés de capitaux, des taux d'intérêt. Or, cette hausse des taux décourage une partie des achats des consommateurs financés par l'emprunt, et réduit les investissements des entreprises, lorsque leur rentabilité est insuffisante au regard du coût de financement par l'emprunt.
- De plus, la demande supplémentaire permise par l'augmentation des dépenses publiques doit s'adresser en priorité aux producteurs nationaux. Or, compte tenu de l'ouverture croissante des économies, l'effet du « multiplicateur keynésien » s'est réduit au cours des dernières décennies et profite désormais davantage aux producteurs étrangers.
- Par ailleurs, l'accumulation des déficits budgétaires vient gonfler l'encours de dette publique et augmente les charges futures de

l'État. Or, plus un État est endetté, plus la charge de cette dette est élevée. Celle-ci pèse d'autant plus sur son budget qu'un niveau de dette important entraîne des taux d'intérêt élevés lorsque l'État veut contracter de nouveaux emprunts. À terme, le poids de la dette peut ainsi devenir insoutenable par rapport au niveau des recettes de l'État.

- En outre, les délais liés à la prise de décision politique font que les effets de la politique budgétaire peuvent être inadaptés à la conjoncture au moment où ils affectent les décisions des agents économiques.
- De plus, certaines dépenses publiques sont particulièrement rigides, et donc, difficilement réversibles en cas de retournement de la conjoncture.
- Enfin, en théorie, les politiques budgétaires nationales demeurent le principal instrument pour faire face à des chocs économiques ponctuels, car les gouvernements nationaux ne peuvent plus recourir à la politique monétaire pour influer sur les variations de la conjoncture économique dans le cadre de l'Union économique et monétaire (UEM). Mais, en réalité, les contraintes fixées par le traité de Maastricht et le pacte de stabilité et de croissance limitent l'utilisation de la politique budgétaire, en fixant un seuil maximal de déficit des administrations publiques à 3 % du PIB en cas de ralentissement de la croissance. Cette mesure se justifie par la volonté d'éviter qu'un pays fasse porter les effets négatifs de sa politique budgétaire (hausse des taux d'intérêt et du taux de change de l'euro) sur l'ensemble des pays de l'UEM.

Texte paru sur le site Vie-publique.fr le 28 avril 2008

« La dérive keynésienne »

Encadré VI

Le mot « crise » et la dérive keynésienne

Au bout de quarante ans de politique keynésienne appliquée sans discontinuité (voir sur cet aspect le numéro Aménagement urbain et transition postkeynésienne de la revue *Métropoles*, 2008), il semble que les pays occidentaux soient arrivés au bout

du chemin. Il faut bifurquer, sous peine de basculer dans le ravin. Comment en est-on arrivé là ?

Depuis le double choc pétrolier du milieu des années 1970, un grand processus historique s'est développé, de manière continue, parfois lentement, parfois par de brusques accélérations. Quelle est la nature de ce processus ? Il s'agit d'un basculement du monde, c'est-à-dire un changement des lieux de production et d'accumulation de la richesse. De la seconde moitié du XIXe siècle jusqu'aux années 1970, un quart des hommes, les Occidentaux, se partageaient les trois quarts des richesses, consommaient les matières premières en proportion et, hormis l'importation à bas prix de ces dernières, commerçaient principalement entre eux. Depuis les chocs pétroliers, suivis des délocalisations industrielles et de la financiarisation, ce ratio très déséquilibré est en train de changer.

Les délocalisations et la financiarisation ont été rendues possibles par des innovations technologiques majeures, à la source de la troisième révolution industrielle : l'informatique et les communications électroniques, annulant le coût et le temps du transfert d'informations. De surcroît, la miniaturisation des produits à haute valeur ajoutée et la containerisation rendent très modeste le coût de la circulation des marchandises d'un bout à l'autre de la planète. S'ajoute à cette tendance découlant des progrès techniques, le fait que, face à ce déplacement de la production de richesse, il a fallu maintenir un État-providence dispendieux mais fondement de la légitimité politique et outil de fidélisation de l'électorat, de sorte que les pays occidentaux sont entrés dans une spirale d'élévation des contributions sociales reposant sur le travail. Le rendement des investissements productifs y est dès lors devenu de moins en moins motivant, laminant le taux de croissance, accélérant les délocalisations et la désindustrialisation.

De cette orientation générale de l'économie, il résulte un basculement de l'axe de rotation de l'activité productive sur la planète. Ce basculement fut longtemps et est encore aujourd'hui désigné par le mot « crise ». Or, ce mot nous piège : nous incitant à considérer ce basculement comme un dérèglement temporaire, il nous empêche de l'appréhender comme un processus de fond. Ce faisant, il conduit à la mise en œuvre d'une politique de correction contracyclique de court terme. Ainsi, les gouvernants, de droite comme de gauche, se sont emparés avec avidité de la théorie keynésienne. Ils y trouvaient des recettes simples (quasi intuitives), répondant aux revendications sociales et qui confortaient leurs prétentions à maîtriser l'économie. Mais le prix à payer de ce confort intellectuel et électoral est la méconnaissance du fait essentiel selon lequel le keynésianisme n'a de validité que pour inverser une tendance passagère, n'est pertinent que vis-à-vis d'un accident de parcours dû à une insuffisance de demande et de monnaie par rapport à l'offre.

Or, la situation présente est à l'opposé de cela : depuis une génération, les économies occidentales sont entrées dans une phase durable d'inadéquation de leurs productions et des prix par rapport aux besoins, aux attentes et aux moyens de leurs consommateurs. Ignorant cette tendance, les pouvoirs publics occidentaux ont financé par l'endettement leurs investissements dans les infrastructures, le paiement de leurs fonctionnaires et leurs dépenses sociales. Aux États-Unis, c'est l'endettement des ménages, incité par les pouvoirs publics, qui a maintenu le niveau d'activité. Ces États ont ainsi mis en place un keynésianisme de tous les jours et au long court, ce qui est une hérésie au regard de la théorie keynésienne elle-même.

Le keynésianisme, en effet, est une théorie qui affirme la vertu de l'endettement et l'efficacité du soutien à la consommation pour faire face à un moment de désajustement transitoire. Si cette théorie fut et reste – il suffit de voir la place qu'elle occupe en France dans le programme du Parti socialiste ou dans le Grand emprunt lancé par l'actuel gouvernement – séduisante et a priori adaptée à une situation de crise, elle est inopérante quand il s'agit d'un mouvement de fond. Ce dernier se caractérise par l'appauvrissement relatif mais structurel des pays occidentaux. Par conséquent, le keynésianisme s'avère complètement inapproprié, alors qu'une lecture de la situation selon les termes du bon vieux mercantilisme, longtemps raillé par les progressistes, serait plus pertinente.

Telle est actuellement, semble-t-il, la pierre d'achoppement entre la France et l'Allemagne : cette dernière s'est ralliée il y a plus de dix ans à une vision économique du monde où la logique productive prévaut, où une économie de l'offre s'impose. Ce qui l'a conduite à s'adapter aux contraintes et à améliorer sa compétitivité. À l'inverse, la France, crispée sur une conception voulant faire prévaloir la volonté politique et paralysée par une vision antagonique d'elle-même, trouve dans la défense de la dépense publique et dans le soutien à la consommation les justifications l'incitant à nier ces contraintes et à remettre à des lendemains se faisant attendre depuis quarante ans les mesures qui permettraient à la production de retrouver un dynamisme ; un dynamisme pourtant nécessaire pour que, in fine, l'État-providence puisse se maintenir.

Philippe Genestier, RIVES (CNRS) - Texte paru sur le site LEMONDE.FR le 31 octobre 2011 dans la rubrique Points de vue

SUPPORTS BIBLIOGRAPHIQUES

Manuel de macroéconomie

Keynes John Maynard, *The General Theory of Employement, Interest, and Money*, London, Macmillan, 1936.

Mankiw Gregory N., *Principe de l'économie*, Economica, 1998.

Modèles et politiques macroéconomiques

Aristomène Varoudakis, *La politique macroéconomique*, Dunod, 1994.

Artus Patrick, *Macroéconomie*, Economica, 2003.

Artus P., Deleau M., Malgrange P., *Modélisation macroéconomique*, Economica, 1986.

Hicks J. R., *Mr. Keynes and the "Classics"; A Suggested Interpretation,* Econometrika, April, 1937.

Hicks J. R., *IS-LM : An Explanation,* Journal of Post-Keynesian Economics, Vol. 3, Winter, 1980.

Kempf Hubert, *Macroéconomie*, Mémentos Dalloz, 1995.

Koening Gilbert, *Macroéconomie internationale*, Economica, 1997.

Muet Pierre-Alain, *Théories et modèles de la macroéconomie*, Tome I, 4e édition, Economica, 1992.

Romer David, *Macroéconomie approfondie*, McGraw-Hill/Ediscience, 1997.

Sargent Thomas J., *Macroeconomic Theory*, Second edition, Boston Academic Press, 1987

Tinbergen J., *On The Theory of Economic Policy*, Amsterdam, North-Holland, 1952.

Coordination de politiques économiques

Cooper Russel W., John Andrew, *Coordinating Coordination Failures in Keynesian Models*, Quaterly Journal of Economics 103, (August), 1988, pp. 441-463.

Cooper Russel W., Haltiwanger John, *Evidence on Macroeconomic Complementarities*, NBER, Working Paper N°. 4557 (December), 1993.

Frankel J., *Obstacles to International Macroeconomic Policy Coordination*, IMF Working Paper, n° 87-28, 1987.

Koening Gilbert, *Macroéconomie internationale*, Economica, 1997.

Modèle Mundell-Fleming

Dornbusch Rudiger, *Expectations Exchange Rate Dynamics*, Journal of Political

Economy, 84, (December), 1976, pp. 1161-1176.

Fleming J. Marcus, *Domestic financial Policies under Fixed and under Floating Exchange Rates*, IMF Staff Papers 9 (November), 1962, pp. 369-379

Mueller M. G., *Readings in Macroeconomics*, Holts, Rinchart and Winston, 1967.

Mundell Robert A., *International Economics*, New York, Macmillan, 1968.

Marché américain du crédit hypothécaire

Ambrose Brent W., Cassidy Henry J. & Tyler Yang, Évaluation et gestion des risques du crédit hypothécaire aux États-Unis : Implications pour les marchés hypothécaires émergents, 2007, Étude HUD.

Fannie Mae, *Annual Report*, 2006, 2007.

FDIC *Quaterly*

FHFA, *Performance and Accountability Report*, 2008.

Titrisation

Aglietta M., La crise financière du crédit structuré, 10e RDV de la Mondialisation, CEPII, Avril 2008

Artus P., Betbèze J.-P., De Boissieux C., Capelle-Blancard G., La crise des *Subprimes*, *Rapport Conseil d'Analyse Économique*, 2008, La Documentation Française.

Dodd R., *Subprime* : Topographie d'une crise, *Finance & Développement*, Décembre 2007, p. 15-19.

De Michelis A., Overcoming the financial crisis in the United States, Working Paper, 2009, n° 699, OECD, Economics Department.

Pansard F., La contagion de la crise des *subprimes*, Colloque AMF, Octobre 2008.

Asymétrie d'informations et intermédiation financière

Akerlof G., The market for lemons : quality uncertainty and the market mechanism, *Quaterly Journal of Economics*, 1970, n° 84, p. 488-500.

Benston G. J. & Smith C. W., A transaction cost approach to the theory of financial intermediation, *The Journal of Finance*, 1976, vol. XXXI, n°1, p. 215-231.

Diamond D. W., Financial intermediation and delegated monitoring, *Review of Economic Studies*, 1984, vol. 51, p. 393-414.

Leland H. E. & Pyle D. H., Informational asymmetries, financial structure and financial intermediation, *The Journal of Finance*, 1977, vol. XXXII, n°2, p. 371-387.

Stiglitz J. & Weiss A., Credit rationing in markets with imperfect information, *The*

American Economic Review, 1981, vol. 71, n°3, p. 93-410.

Soutenabilité des dettes publiques

Artus P., Que penser des propositions d'équilibre budgétaire ? *Revue économique*, 2001/6, Vol. 52, p. 1251-1278.

Autres références

Milton Friedman, The permanent income hypothesis, In *A Theory of the Consumption Function*, Princeton University Press, 1957, p. 20-37.

Modigliani F. & Brumberg R., Utility analysis and the consumption function: an interpretation of cross-section data, In *The Life-cycle Hypothesis*, *The collected papers of Franco Modigliani*, Vol. 6, The MIT Press, p. 3-45.

William J. Baumol, *The transactions demand for cash : an inventory theoretic approach*, Quaterly Journal of economics, Vol. LXVI, No. 4, 1952, p. 545-556.

INDEX THÉMATIQUE

D

E

F

G

O

P

R

S

T

U

V

Z

TABLE DES MATIÈRES

Structures éditoriales du groupe L'Harmattan

L'Harmattan Italie
Via degli Artisti, 15
10124 Torino
harmattan.italia@gmail.com

L'Harmattan Hongrie
Kossuth l. u. 14-16.
1053 Budapest
harmattan@harmattan.hu

L'Harmattan Sénégal
10 VDN en face Mermoz
BP 45034 Dakar-Fann
senharmattan@gmail.com

L'Harmattan Cameroun
TSINGA/FECAFOOT
BP 11486 Yaoundé
inkoukam@gmail.com

L'Harmattan Burkina Faso
Achille Somé – tengnule@hotmail.fr

L'Harmattan Guinée
Almamya, rue KA 028 OKB Agency
BP 3470 Conakry
harmattanguinee@yahoo.fr

L'Harmattan RDC
185, avenue Nyangwe
Commune de Lingwala – Kinshasa
matangilamusadila@yahoo.fr

L'Harmattan Congo
67, boulevard Denis-Sassou-N'Guesso
BP 2874 Brazzaville
harmattan.congo@yahoo.fr

L'Harmattan Mali
ACI 2000 - Immeuble Mgr Jean Marie Cisse
Bureau 10
BP 145 Bamako-Mali
mali@harmattan.fr

L'Harmattan Togo
Djidjole – Lomé
Maison Amela
face EPP BATOME
ddamela@aol.com

L'Harmattan Côte d'Ivoire
Résidence Karl – Cité des Arts
Abidjan-Cocody
03 BP 1588 Abidjan
espace_harmattan.ci@hotmail.fr

Nos librairies en France

Librairie internationale
16, rue des Écoles
75005 Paris
librairie.internationale@harmattan.fr
01 40 46 79 11
www.librairieharmattan.com

Librairie des savoirs
21, rue des Écoles
75005 Paris
librairie.sh@harmattan.fr
01 46 34 13 71
www.librairieharmattansh.com

Librairie Le Lucernaire
53, rue Notre-Dame-des-Champs
75006 Paris
librairie@lucernaire.fr
01 42 22 67 13

www.ingramcontent.com/pod-product-compliance
Lightning Source LLC
LaVergne TN
LVHW010937061026
849535LV00007B/2442